El liderazgo de Bashir Gemayel en las Fuerzas Libanesas

La masacre de Ehden agrietó durante algún tiempo el clan Gemayel, por el rechazo de la operación por parte de Pierre y Amin Gemayel. No obstante, el emergente liderazgo de Bashir Gemayel se recuperó rápidamente en la siguiente fase de la guerra. En principio, el menor de los Gemayel, nacido en 1947, no prometía otro porvenir que dedicarse a la actividad privada o seguir la estela de su hermano mayor, Amin, en las Falanges Libanesas, el partido fundado por su padre, Pierre. Sin embargo, Bashir se saldría del camino marcado. Su fama de calavera y su carácter resuelto e indisciplinado diferían de su padre y su hermano, poseedores de los vicios y virtudes de los políticos natos.

El secuestro durante unas horas del joven Bashir en 1969 por pistoleros palestinos

William Hawi, jefe de las Fuerzas Regulares Falangistas, con camisa blanca, junto a Amin Gemayel en Tal al-Zaatar. La muerte de Hawi durante la batalla dio la jefatura de la milicia falangista a Bashir Gemayel, hermano menor y rival de Amin.

en el campamento de Tal al-Zaatar grabó en su ánimo una aversión visceral hacia los fedayín. Esto, junto a su propio temperamento, le conectaba a la juventud maronita, a la que repugnaba tanto la impunidad de los pistoleros palestinos como la incapacidad de los políticos cristianos. Fiel a su carácter, Bashir descartó someterse a la disciplina de las Falanges Libanesas y fundó su propio grupo, los Amigos de las Falanges. El caos de la guerra permitió que los Amigos de las Falanges funcionaran de forma autónoma, aunque aprovechando las ventajas de su relación con el partido de su padre. El carácter práctico y militante de Bashir le concitó amplias simpatías en las Falanges y otros grupos del Frente Libanés. El jefe del partido en Beirut oriental, Jean Nader, le nombró su segundo en los primeros meses de la guerra, contra los deseos de Pierre Gemayel. En este puesto, no le fue difícil trabar buenas relaciones con la élite militar de las Falanges, el grupo BG (iniciales de Butros –Pierre, en árabe– Gemayel), compuesto por una treintena de milicianos.

PARTIDOS Y MILICIAS LIBANESAS

En la Guerra de los Dos Años, se enfrentaron dos coaliciones; el Frente Libanés y el Movimiento Nacional Libanés (MNL). El Frente Libanés permaneció como una coalición de partidos cristianos y de derechas hasta el fin de la guerra, aunque fue perdiendo el control de su rama militar, las Fuerzas Libanesas. El Movimiento Nacional Libanés se alió con la OLP y los militares sublevados del Ejército Árabe Libanés durante la Guerra de los Dos Años (1975-76). La línea belicista y radical de Kamal Jumblat produjo la escisión de sus miembros moderados en 1976; las maniobras sirias para someter al MNL culminaron en el asesinato de Kamal Jumblat en 1977, que abrió una etapa de crisis del MNL. Con la invasión israelí de 1982, el MNL resurgió tras refundarse como Frente de la Resistencia Nacional Libanesa (popularmente conocido como Yamul). Durante la Guerra de los Dos Años, Siria creó un Frente Nacional para respaldar su política libanesa como alternativa al MNL, formada por organizaciones neutrales, como el Movimiento de los Desheredados (AMAL) del imán Musa Sadr, y otras escindidas del MNL.

Frente Libanés (Fl)

• Falanges Libanesas: fundadas en 1936 por Pierre Gemayel, las Falanges fueron el gran partido de masas de la comunidad cristiana y radicado, sobre todo, en Monte Líbano, aunque logró tener cierta presencia en el Sur y la Bekaa. Las Falanges fueron un partido de apariencia fascista (disciplina militar, uniforme, saludo romano), pero ideológicamente eran partidarios del sistema parlamentario

y representantes de una tendencia conservadora, francófila y gaullista. Las Falanges defendían un Líbano independiente, «fenicista» y neutral, patria de cristianos y musulmanes.

La milicia falangista, las Fuerzas Regulares Falangistas, de unos 7000-8000 miembros en 1976 –aunque reclamaba el doble–, era el principal contingente de las Fuerzas Libanesas.

• Partido Nacional Liberal (PNL): fue fundado por el anglófilo Camille Chamún. Representaba la derecha liberal más abiertamente anticomunista y prooccidental. Defendía la independencia libanesa y una Liga Árabe alineada con el bloque occidental. Tuvo más éxito electoral que las Falanges entre los musulmanes y logró ser el primer partido con diputados de las principales confesiones libanesas. Tuvo implantación en Beirut y el Sur de Monte Líbano. Su milicia, los Tigres, tenía unos 3000 efectivos en 1976.

• Guardianes de los Cedros: fundada por el exagente de la Seguridad libanesa Etienne Sakr, fue una pequeña y aguerrida milicia de unos 500 combatientes, cristianos y musulmanes. Junto a su sección política, el Partido de Renovación Libanesa, era el sector más radical del Frente Libanés. Defendían un nacionalismo libanés puro y la alianza con Israel, negaban la identidad árabe del país y

eran furibundamente antipalestinos y antisirios. Se unieron al Ejército del Sur del Líbano después de la invasión israelí de 1982.

• La Orden de Monjes Maronitas puso en pie de guerra una pequeña milicia formada por religiosos. Los monjes maronitas, con sus monasterios y sus fundaciones de beneficencia, eran enormemente populares e influyentes en su comunidad. Su superior, Bulos Naaman, puso en contacto a los israelíes con el Frente Libanés. Pese a que los monjes maronitas habían ayudado a los refugiados palestinos en 1948, su postura hacia los refugiados cambió tras la fundación de la OLP. Defendían un Líbano de preponderancia cristiana.

Movimiento Nacional Libanés (MNL):

• Partido Socialista Progresista (PSP): fundado por Kamal Jumblat en 1949. Miembro de la Internacional Socialista, aunque escorado hacia la izquierda radical. Es el partido de la comunidad drusa, radicado en el Sur de Monte Líbano (Aley y región del Chuf) con una milicia de unos 3000 efectivos, la más activa del MNL.

• Organización de Acción Comunista: fue creado a partir de la radicalización marxista del propalestino Movimiento Nacionalista Árabe durante las revueltas de 1969. Compuesto básicamente por obreros y estudiantes de la Universidad Americana de Beirut, defendía la creación de un Estado marxista libanés y la alianza de la izquierda con la OLP. Tenía una pequeña milicia que no alcanzaba el millar de combatientes.

• Partido Comunista Libanés: dirigido por Georges Hawi, era el viejo partido prosoviético, y estaba formado, en su mayor parte, por refugiados chiítas y cristianos ortodoxos. Tenía una milicia de 3000 miembros.

• Organización Naserista Independiente: fundado por Ibraim Kulaylat en 1958, luchó en la guerra civil libanesa de 1958 para unir Líbano con Siria. Con la llegada de la OLP al Líbano a finales de los años sesenta, Kulaylat estableció una firme alianza con los palestinos. En la Guerra de los Dos Años, su milicia, los Murabitún, fue la más activa del MNL en Beirut. Tenía una fuerza de un millar de milicianos y mercenarios suníes extranjeros, armados por la OLP, y representaba al sector radical izquierdista de la comunidad suní.

• Partido Nacionalista Social Sirio: fundado por Antún Saade en 1932. Aspiraba a la formación de una Gran Siria que reuniera los territorios del imperio asirio (Líbano, Siria, Jordania, Palestina, Irak, el Sinaí, Chipre y la Cilicia turca). Pasó del fascismo inicial a un nacionalismo pansirio socialista, antiimperialista y antisionista que le llevó a la alianza con la OLP y sus antiguos enemigos comunistas y naseristas. Su militancia era multiconfesional, aunque básicamente cristiano-ortodoxa. Su milicia, de unos 3000 combatientes, se unió al MNL.

La popularidad de Bashir entre los combatientes nació de su habitual presencia en las barricadas, con fusil y uniforme polvoriento, como un miliciano más. Junto a él se formó un grupo de incondicionales, los jóvenes lobos o los doce del patíbulo, del que saldrían los mandos de las futuras Fuerzas Libanesas: Elie Hobeika, Fuad Abu Nader, Fadi Frem, Samir Geagea, Butros Khawand, Elias Zayek, Assad Said, Joe Eddé, etc. En una meteórica carrera, Bashir Gemayel pasaría de ser el segundo de un mando local de las Falanges Libanesas a jefe indiscutible de las Fuerzas Libanesas primero, y presidente de la República después. Dos rasgos de su carácter –su clarividencia estratégica y sus dotes como organizador–, más que su apellido, le hicieron adelantar a su hermano mayor en la carrera por el poder, convertir su milicia en hegemónica y dar a la causa derechista unas bases nuevas y revolucionarias.

Al igual que los sectores más militantes del Frente Libanés, Bashir Gemayel iba más allá del anticomunismo conservador de la derecha libanesa tradicional. Su posición en la cuestión palestina estaba desprovista de los complejos y tabúes que la guerra había destruido definitivamente. El Frente Libanés pidió en mayo de 1977 el rechazo del Acuerdo de El Cairo –y el Parlamento libanés acabaría haciéndolo en 1987 a instancias de Siria–, y la expulsión de los 250 000 refugiados palestinos que habían entrado ilegalmente en el país. Bashir creía que tanto la presencia de la OLP como de los refugiados palestinos en el Líbano eran una fuente de inestabilidad e injerencias extranjeras. Además, pensaba que la alineación proárabe del Líbano en el conflicto con Israel había caducado desde que los estados árabes –sobre todo Siria y Egipto– utilizaron a la OLP para sus fines y por encima de la soberanía libanesa.

La elección de Bashir Gemayel como comandante en jefe de la milicia falangista le abrió la puerta a la jefatura de las Fuerzas Libanesas.

Bashir propugnaba una refundación del Líbano sobre bases nacionales y no comunitarias, aunque sabía que, dada su fragmentada configuración étnica e ideológica, esto sólo podía suceder en un Líbano de preponderancia cristiana. En realidad, ésta era la gran cuestión en la derecha libanesa. La opinión de que las cosas no podían volver al estado de preguerra era generalizada, pero las diferencias estaban en la solución que debía ensayarse. Bashir Gemayel certificaba la muerte de la república mercante o Líbano-bazar del Pacto Nacional de 1943, simbolizada por la devastación del centro comercial y turístico de Beirut. No descartaba ninguna de las dos tendencias de la derecha cristiana, sin apegarse a ninguna: si no era posible un nuevo Líbano nacional unitario con un Estado fuerte, los cristianos debían construir su propio Estado en un Líbano federal o confederal que les diera manos libres para defender su independencia. En este sentido, admiraba la capacidad de Israel para defenderse a sí mismo en un entorno hostil y veía al Estado judío como un ejemplo a seguir. En consecuencia, estableció una temprana alianza con Israel, a través del Mossad. La simbiosis con los hebreos y su rechazo práctico del Pacto Nacional son, en síntesis, las dos radicales diferencias de Bashir con la línea tradicional de las Falanges Libanesas, defendida por su padre y su hermano Amin. En este sentido, Bashir estaba mucho más cerca del expresidente Camille Chamún, jefe del Partido Nacional Liberal.

Funeral de un combatiente de las Fuerzas Libanesas en Beirut oriental.

El Frente Libanés había sido una coalición circunstancial de fuerzas que se había opuesto a la ocupación palestina y a los revolucionarios libaneses, pero su carácter heterogéneo no le auguraba larga vida. Durante la Guerra de los Dos Años, cada milicia había actuado por su cuenta. No hubo una estrategia común hasta después del comienzo de la batalla de Tal al-Zaatar y, desde el principio, se habían producido incidentes entre distintas facciones en competencia por el dominio del territorio y de los recursos.

El 13 de julio de 1976, William Hawi, jefe de la milicia falangista, cayó muerto por un disparo junto a Tal al-Zaatar. El carácter cauteloso del mando de Hawi había sido muy criticado por sus propios milicianos. La ofensiva contra los enclaves palestinos de Beirut oriental había sido una iniciativa de la milicia liberal y de la Organización Libanesa, con la oposición de Hawi. Bashir Gemayel, por el contrario, se mostraba decidido a destruir los enclaves y a tomar la iniciativa. No se sabe realmente si lo que mató a Hawi era una bala perdida o el disparo de un francotirador. En cualquier caso, el hecho de que al día siguiente de la muerte de Hawi, Bashir Gemayel ocupara su puesto, levantó rumores[33].

Tras la caída del campamento, Bashir vio aprobada su propuesta de creación un Consejo de Mando Unificado que hiciera de órgano de coordinación de las milicias cristianas, ya conocidas como Fuer-

33.- A nuestro juicio, y aunque parece imposible llegar al fondo del asunto, los rumores que señalaban a Bashir Gemayel como responsable de la muerte de Hawi son poco fundados. Por otra parte, también hubo rumores en contra de esta hipótesis.

Bashir Gemayel inspeccionando las líneas de defensa de la zona libre.

zas Libanesas (FF.LL.). Bashir fue nombrado su comandante en jefe. Se trataba de un mando colegiado, que reunía a dos delegados de cada uno de sus miembros: las Falanges, el Partido Nacional Liberal, los Guardianes de los Cedros, la Brigada Mardaíta, la Orden de Monjes Maronitas, la Organización Libanesa, el Movimiento Juvenil Libanés, etc. Las decisiones se tomaban por mayoría simple y los representantes de las Falanges y el Partido Nacional Liberal tenían derecho de veto[34]. No se trataba de un mando unificado, pues las milicias mantuvieron su autonomía, la autoridad del Consejo era limitada y pronto surgieron las disensiones.

Bajo el mando de Bashir Gemayel, la milicia falangista, principal miembro de las Fuerzas Libanesas, comenzó a recibir una mayor organización. Creó cuatro departamentos y puso a su frente a personas de su confianza y conocidas por su eficiencia, que no necesariamente habían de ser falangistas. Los miembros de las Fuerzas Libanesas, eran ante todo fieles a Bashir Gemayel, y como él, jóvenes, entusiastas, duros e implacables. Bashir estaba convencido de que la supervivencia de su causa exigía, en primer lugar, la unificación de todas las milicias y, después, la transformación de éstas en un ejército profesional. La afluencia a la zona libre de refugiados proporcionó a las Fuerzas Libanesas nuevos reclutas leales y motivados, desvinculados de los partidos tradicionales y agradecidos a la milicia que les acogía y les pagaba. En 1978, la milicia bajo el mando directo de Bashir tenía unos 3000 hombres, con un batallón de comandos, otro de artillería y una unidad acorazada con algunos viejos

Bashir Gemayel en el cuartel general de las Fuerzas Libanesas.

carros Sherman y vehículos blindados M113. Estableció una red de cuarteles y emplazó el cuartel general de las Fuerzas Libanesas en un viejo hospital en Karantina, junto al puerto de Beirut.

A través de las Fuerzas Libanesas, Gemayel logró reconstruir servicios que el impotente Estado no podía prestar. Aseguró la

34.- MOUMNEH, N., The Lebanese Forces. Emergence and transformation of the Christian Resistance, p.57, Hamilton Books, London, 2019.

limpieza y desescombro de las calles, la recogida de basura, el abastecimiento de medicamentos, alimentos y combustible, el servicio postal, la policía local, líneas de autobuses e incluso un fondo de pensiones para viudas y huérfanos. Comenzó la construcción de un aeropuerto alternativo al de Beirut –en zona musulmana– y aseguró la comunicación de la zona libre con el exterior con una línea marítima regular a Nicosia, en Chipre. Creó un Comité de Estudios Estratégicos y un lobby en Estados Unidos que pronto dio sus frutos. Para financiar el embrión de Estado cristiano, la milicia estableció un sistema fiscal –ilegal, pero tolerado por las autoridades– a base de tasas sobre el consumo y las operaciones inmobiliarias, peajes por el paso de mercancías a través de sus puestos de control, los beneficios del contrabando a través del 5º muelle del puerto de Beirut y otros puertos clandestinos. Significativamente, Bashir Gemayel abrió la emisora *Radio Líbano Libre*, que representó un desafío a la línea oficial de las Falanges Libanesas y a su emisora *La voz del Líbano*.

Libano está en peligro. Tu artillería es victoria. Cuerpo de Artillería.

La Guerra de los Cien Días

A lo largo de 1978, el protagonismo de la FAD –especialmente del contingente sirio– como fuerza de paz entraría en crisis: entre 1976 y 1978, los sirios asaltaron la redacción de varios periódicos críticos, y era *vox populi* que orquestaban incesantes desapariciones y asesinatos, junto a masacres esporádicas por elementos supuestamente incontrolados. Estos métodos chocarían con una sociedad libanesa habituada a la libertad y con una derecha revitalizada.

El 28 de junio, los sirios secuestraron a 55 civiles cristianos asociados con el Frente Libanés en tres poblaciones de la Bekaa. Los cadáveres mutilados de 26 de las víctimas –las otras 29 desaparecieron– causaron la indignación de la población cristiana. La masacre parecía una represalia por el asesinato de Tony Franyié, aliado de Damasco, pero en todo caso se hizo evidente la discrepancia entre el papel teórico de la FAD y la práctica habitual de las tropas sirias en el Líbano. La coacción surtió el efecto contrario: mientras los milicianos cristianos y sirios comenzaron a enfrentarse a tiros en Beirut en los primeros días de julio, los dirigentes derechistas exigieron la sustitución de la FAD por el ejército libanés en la capital.

Vehículos del Batallón Blindado de las Fuerzas Libanesas.

El puente de Karantina era vital para la línea de abastecimientos de las Fuerzas Libanesas en Beirut oriental. En sus alrededores se produjeron violentos combates durante la Guerra de los Cien Días. Al fondo, la fábrica *Sleep Confort*.

El Ejército sirio respondió con una guerra abierta. Inició un metódico bombardeo de Beirut oriental, sin discriminación de objetivos civiles y militares, e intentó ocupar sus puntos estratégicos, pero se encontró con una resistencia inesperada. Junto a sus aliados del Partido Nacional Socialista Sirio y la Brigada Mardaíta logró, en cambio, echar a las Fuerzas Libanesas de las regiones norteñas de Kura y Batrún. Con la pérdida del Norte, el reducto cristiano perdió un tercio de su superficie. Una nueva demarcación quedó trazada con la instalación de un puesto de control permanente de las Fuerzas Libanesas en las afueras de Berbara. El presidente Sarkis dimitió en protesta por el bombardeo sirio de objetivos civiles el 6 de julio. Los norteamericanos convencieron a Asad para una tregua y a Sarkis para que revocara su dimisión el 18.

La tregua tuvo corta duración. Siria estaba decidida a eliminar a las Fuerzas Libanesas, y éstas sólo podían aspirar a que el precio fuera prohibitivo. Durante agosto y septiembre, los sirios intentaron cercar Beirut oriental y lo bombardearon sin piedad. Aunque no pudieron cortar totalmente el acceso a la capital, destrozaron la línea de suministros de los derechistas y los hambrientos milicianos asaltaron las tiendas de comestibles. La lucha más intensa tuvo lugar en las inmediaciones del puente de Karantina, sobre el río Beirut, por donde pasaba la carretera que unía la capital con el *hinterland* cristiano.

Bombardeo de Beirut oriental por los sirios durante la Guerra de los Cien Días.

El 1 de septiembre tuvo lugar la desaparición en Libia del imán Musa al-Sadr, dirigente de la comunidad chiíta y fundador del Movimiento de los Desheredados, más conocido por las siglas de su milicia, AMAL. Con la pérdida de Sadr, el Frente Libanés perdía a un posible socio, con el que coincidía en su oposición al comunismo y a la OLP, e igualmente favorable a un Líbano liberado de tropas extranjeras.

La presión internacional no tuvo mayor efecto para detener la guerra. En septiembre, la atención mundial estaba puesta en la firma de los Acuerdos de Camp Davis entre Egipto e Israel. Los regímenes árabes revolucionarios (Argelia, Irak, Yemen del Sur y Libia) y la OLP condenaron a Egipto y cerraron filas con Siria; mientras, los países árabes conservadores veían con preocupación la división del mundo árabe en dos bloques.

Combatiente de las Fuerzas Libanesas lucha contra los sirios en Beirut.

El Frente Libanés se cuarteaba entre el apoyo de Pierre Gemayel a la extensión del plazo de permanencia de la FAD bajo ciertas condiciones y la llamada a la resistencia, con o sin apoyos internacionales, contra la doble ocupación siria y palestina de Camille Chamún y Bashir Gemayel. Los Estados Unidos apoyaron la ofensiva siria, supuestamente coordinada con el presidente libanés. Los israelíes respaldaron abiertamente a los cristianos y movilizaron a sus tropas en la frontera, lo cual impulsó a Damasco a aceptar el

Bashir Gemayel en primera línea.

La Guerra de los Cien Días en Beirut (1978)

alto el fuego demandado por la resolución 436 del Consejo de Seguridad de la ONU a partir del 7 de octubre.

Entre el 15 y el 17 de octubre de 1978, con el respaldo saudí, Sarkis reunió la Conferencia de Beitedine, que hizo una afirmación de la soberanía libanesa y el apoyo árabe al presidente Sarkis, renovó seis meses más la presencia de la FAD –hasta abril de 1979– y condenó al Frente Libanés. A cambio de estas favorables condiciones, los sirios aceptaron una evacuación parcial de Beirut oriental. A pesar de los acercamientos y conversaciones entre las partes en los meses siguientes, no se avanzó en el desarme de las milicias ni en la reconstitución de un ejército libanés capaz de reemplazar a la FAD.

La Guerra de los Cien Días fue una humillación para los sirios: varias divisiones, incluidas las fuerzas especiales de Rifaat Asad, hermano del presidente sirio, fracasaron ante unos cuantos millares de milicianos. Sin embargo, la impotencia militar siria era una minucia en comparación con el desprestigio de la FAD como fuerza de paz ante los cristianos. Para las Fuerzas Libanesas, fue una victoria moral que reforzó su confianza y su papel de defensora de la comunidad cristiana y la independencia libanesa. Entre los cristianos libaneses, la popularidad de Bashir como jefe de la Resistencia alcanzó máximos durante tres meses de lucha. Aparecía habitualmente en primera línea con el uniforme de las Fuerzas Libanesas para dar ánimos a los combatientes y sus mensajes radiados, directos y viscerales, calaron en el ánimo de la población cristiana apiñada en los refugios. La Guerra de los Cien Días representó el triunfo de la línea militante y antisiria del nuevo héroe libanés, frente a la política de contemporización de Pierre y Amin Gemayel.

Esta imagen de Bashir Gemayel durante la Guerra de los Cien Días se convirtió en un icono de la causa cristiana.

La retirada de la FAD y conflictos intercristianos

La Guerra de los Cien Días había demostrado que los cristianos podían resistir a fuerzas más poderosas. Sin embargo, las discordias entre las facciones del Frente Libanés evidenciaban que el poder y el dinero eran móviles tan normales como el patriotismo o el idealismo. Si el año 1978 había unido moralmente a los cristianos con sus milicias, 1979 y 1980 fueron años de conflictos internos en la zona libre. Las divergencias eran motivadas por el control del territorio y sus recursos, los reclutamientos, la ayuda israelí y resistencia a la tendencia centralizadora de Bashir Gemayel[35].

Bashir Gemayel, en el centro, con Fadi Frem, Jefe de Estado Mayor de las Fuerzas Libanesas, a su derecha.

La conferencia de Beitedine preveía que el plazo de permanencia de la FAD finalizaba el 27 de abril de 1979 y, en adelante, el ejército libanés

35.- Los conflictos entre las dos principales milicias cristianas ocasionaron un centenar de muertos en 1979 (SARKIS, J., Histoire de la guerre du Liban, p. 55., Presses Universitaires de France, Paris, 1993).

Dany Chamún era el jefe de la milicia del Partido Nacional Liberal, los Tigres. Tras los conflictos con Siria en 1978, falangistas y liberales pasaron de aliados a enemigos en un breve periodo. En la imagen, Dany Chamún inspecciona la evacuación siria de Beirut oriental tras la Guerra de los Cien Días.

debía estar en condiciones de desplegarse por todo el territorio y asegurar la autoridad del Estado. El primer contingente de la FAD en evacuar el Líbano fue el sudanés (800 soldados), en febrero de 1979. En marzo fue repatriado el contingente saudí (1250 soldados) y el 26 de abril finalizó la evacuación de las tropas de los Emiratos Árabes Unidos. A partir de esta fecha, únicamente quedaron las tropas sirias, de acuerdo con la extensión de su permanencia hasta junio de 1979, acordada en la cumbre de la Liga Árabe en Mogadiscio (23 de marzo de 1979).

Con la retirada de los contingentes extranjeros y el próximo fin del plazo de permanencia de la FAD, Siria cambió su estrategia. Asad no había llevado a cabo ninguna tentativa de anexión o implantación de un régimen baazista. Deseaba conservar su tutela sobre el Líbano, pero sin hacer cambios que podían privarle de las buenas relaciones con Occidente y las posibilidades económicas que le reportaba su desigual asociación con el Estado libanés.

En la Guerra de los Cien Días, los bombardeos sirios indiscriminados sobre Beirut oriental destruyeron su crédito como fuerza de paz ante la opinión pública cristiana.

A principios de marzo, los sirios evacuaron Beirut oriental. Dejaron algunas tropas en la Línea Verde y en los accesos a Beirut desde el *hinterland* cristiano, cuya posesión habían disputado a las Fuerzas Libanesas en la Guerra de los Cien Días, pero se retiraron en enero de 1980. El Ejército libanés ocupó los *chekpoints* sirios para júbilo de los cristianos. La evacuación no suponía la retirada siria del Líbano, sino un repliegue al norte y la Bekaa.

En febrero de 1979 se produjo una iniciativa unificadora en el seno de las Fuerzas Libanesas. Las diferentes milicias dependían de sus propios partidos y el único órgano común era el Consejo de Mando Unificado de las Fuerzas Libanesas. Ahora se creaban nuevas unidades dependientes directamente de Bashir –jefe de las Fuerzas Libanesas– e independientes de las milicias de partido. Sin embargo, los movimientos unificadores eran vistos por muchos, especialmente en el Partido Nacional Liberal, como una maniobra de la milicia falangista para perpetuar su hegemonía en el Frente Libanés.

En mayo y junio de 1979 hubo dos conflictos entre milicianos del Partido Nacional Liberal –los Tigres– y las Falanges Libanesas, mandados respectivamente por Dany Chamún y Bashir Gemayel. La incompatibilidad entre ambos dio lugar a situaciones incontrolables. En

mayo, la mediación de Pierre Gemayel y Camille Chamún congeló el conflicto, pero en julio fracasaron y pidieron al presidente Sarkis que desplegara al ejército libanés en Beirut oriental para detener la violencia. El conflicto tomaba un cariz amenazador para Bashir Gemayel por el apoyo del ejército a los Tigres y, aún más, por sus contactos con los sirios y con Amin Gemayel. De hecho, Bikfaya, el feudo de Amin, estuvo libre de incidentes.

Camille Chamún, presidente del Partido Nacional Liberal y del Frente Libanés, en un acto de la milicia de su partido, los Tigres. Junto a Pierre Gemayel, el veterano político liberal hizo lo posible para soldar los conflictos entre tigres y falangistas en el seno de las Fuerzas Libanesas, pero fue en vano.

En abril y mayo de 1980 se reprodujeron los enfrentamientos entre Tigres y falangistas. Las negociaciones no llegaron a ningún compromiso satisfactorio. En julio, las oficinas de las Falanges en Wadi Shahrur fueron destruidas por una carga de dinamita puesta por los Tigres, ocasionando varios muertos. Bashir Gemayel decidió cortar por lo sano[36].

El Movimiento correctivo del 7 de julio

El 7 de julio de 1980 tuvo lugar la llamada Operación Lena. Una fuerza de 1200 falangistas atacó simultáneamente una quincena de los principales puestos militares de los Tigres, incluido su cuartel general en Safra. La lucha se prolongó hasta la noche[37]. Al día siguiente, la milicia del PNL estaba derrotada. Bashir ordenó que se permitiera a Dany Chamún pasar a la zona de Franyié, para evitar un segundo Ehden.

En los días siguientes se decidió la suerte de la zona libre. El PNL contaba con fuertes apoyos en los suburbios meridionales de Beirut oriental (Baabda, Hazmie, Furn al-Sebagh, Hadath, Ain al-Remane) y algunos de ellos no habían caído aún en manos de los falangistas. Dany Chamún entró en con-

De izquierda a derecha, Bashir Gemayel, Camille Chamún y Pierre Gemayel. La negativa de Camille Chamún de romper el Frente Libanés tras el conflicto del 7 de julio de 1980 permitió que las Fuerzas Libanesas se convirtieran en una milicia unificada.

36.- Los conflictos entre Tigres y falangistas destrozaban la popularidad de las milicias y mermaban sus filas. Ahora bien, entre los motivos de Bashir Gemayel para ponerles fin, no era menos importante la necesidad de que los cristianos tuvieran un único líder.

37.- El nombre de Operación Lena estaba tomado del incidente del Altalena, por el que la milicia judía Irgún fue integrada a la fuerza en el embrión del futuro ejército israelí.

Dany Chamún era el rival de Bashir Gemayel en las Fuerzas Libanesas. La Operación Lena puso fuera de combate a los Tigres. Dany Chamún desechó la posibilidad de formar una disidencia cristiana con apoyo sirio y marchó al exilio. Regresaría posteriormente y fue asesinado junto a su familia en 1990, probablemente por agentes al servicio de Damasco.

versaciones con Soleimán Franyié para organizar una alianza cristiana contra Bashir Gemayel, pero finalmente se marchó al exilio. La renuncia fue motivada, sobre todo, por la postura de su padre y jefe del PNL, Camille Chamún, quien decidió recomponer la situación. Tras días de negociaciones, se publicó un acuerdo común, el documento de Kaslik: durante tres años, Bashir Gemayel sería comandante en jefe de la milicia cristiana unificada, mientras el dirigente nacional-liberal continuaba como presidente del Frente Libanés y disolvía su milicia en el seno de las Fuerzas Libanesas. El tándem Camille Chamún–Bashir Gemayel funcionó; ambos sentían una sincera estima mutua y el primero jugó un papel fundamental en las relaciones exteriores del Frente Libanés.

El 7 de julio fue llamado Movimiento Correctivo por las Fuerzas Libanesas. Fue la fecha de nacimiento de una nueva fuerza armada para la defensa de la zona libre en tanto no se hiciera cargo de ella el Ejército libanés. En agosto, Bashir Gemayel recibió el espaldarazo que necesitaba, con la reelección a la secretaría general del Consejo de Mando Unificado de las Fuerzas Libanesas. Seguidamente, logró la aprobación de nuevos estatutos, en los que se regularizaba el servicio militar obligatorio y un conjunto de tasas, para el sostén de la milicia, que se aplicarían en el reducto cristiano.

Bashir y sus oficiales pusieron las bases para transformar su milicia en un ejército. Para implantar la disciplina y poner fin a los desmanes, se formó una policía militar. En el asunto del entrenamiento y capacitación, los milicianos llevaban años viajando a una base en el norte de Israel, creada *ad hoc* por la Fuerzas de Defensa de Israel para entrenar a los miembros de las Fuerzas Libanesas y del Ejército del Líbano Libre. En 1980, las Fuerzas Libanesas abrieron su propio campo de entrenamiento para tropas de élite en Qahmez y los progresos causaron buena impresión al propio comandante en jefe de la FDI[38]. Fue creada una estructura de pequeñas unidades especializadas que debían ser el embrión de una poderosa fuerza armada en el futuro: una unidad de comandos (*al-Maghawir*), intervención rápida (*Sadem*), montaña e incluso fuerzas de paracaidistas e infantería de marina, aunque la milicia no poseía ni aviación ni más que unas cuantas lanchas armadas.

Posición de las Fuerzas Libanesas en el monte Sanín, cerca de Zahle.

38.- Como jefe del Mando Norte israelí en los primeros años de la Guerra del Líbano, el general Raful Eitan conoció por sí mismo a los milicianos cristianos en el campo de entrenamiento que la FDI abrió en 1976. En diciembre de 1980 viajó al Líbano y, de vuelta a Israel, comentó a uno de sus oficiales: «Tenías razón, comienzan a parecer un ejército» (MENARGUES, A., op. Cit., p. 86).

La batalla de Zahle

Las Fuerzas Libanesas abrieron rutas de abastecimiento hacia Zahle a través de la cordillera del Líbano e iniciaron la construcción de una pista de montaña. Cuando los sirios cerraron los caminos, los cristianos se infiltraban por senderos o campo través.

Los coletazos del golpe contra los Tigres condujeron al siguiente conflicto de la Guerra del Líbano: la Guerra de Abril o, también, la batalla de Zahle. En septiembre de 1980 hubo nuevos enfrentamientos en el suburbio beirutí de Hadath entre las Fuerzas Libanesas y un grupo de Tigres, mandado por Elie Hanach, que se negó a integrarse en la milicia unificada. El ejército libanés intervino en favor de los Tigres, pero las Fuerzas Libanesas prevalecieron. El grupo de Hanach se refugió en Ain Rumane, desde donde planeaba asegurarse los barrios del sur de Beirut oriental, afectos al PNL, con la ayuda de sirios y palestinos. Las Fuerzas Libanesas atacaron a Hanach el 28 de octubre de 1980. Esta vez, el ejército permaneció neutral y los Tigres fueron desalojados y cruzaron la Línea Verde, en dirección a Beirut occidental.

Los sirios enviaron a Hanach y sus hombres a Zahle, con el fin de formar una disidencia cristiana prosiria. La ciudad tenía unos 140 000 habitantes de mayoría grecocatólica, muchos de ellos refugiados de las aldeas cristianas de la Bekaa. Era la mayor ciudad cristiana del Próximo Oriente y un símbolo de la resistencia. Los sirios consideraban vital el control de la ciudad, situada junto a la carretera Beirut-Damasco, la base aérea de Rayak y el cuartel general sirio en Shtaura. En diciembre, estalló la violencia entre el grupo de Hanach y los milicianos de las Fuerzas Libanesas y sus aliados locales. Los sirios intervinieron en favor de los primeros e intentaron ocupar la ciudad el 19 de diciembre, pero fueron sorprendidos por una fuerte resistencia con la que no contaban. El 26 de diciembre se alcanzó un alto el fuego[39].

La unidad de comandos de las Fuerzas Libanesas (200 hombres) se prepara en Beirut para infiltrase en Zahle a través del monte Sanín.

39.- Zahle había sufrido un ataque de las Fuerzas Unidas (OLP, MNL y EAL) en 1975. Los habitantes de la ciudad –muchos de ellos, refugiados– recibieron la intervención siria de 1976 con alivio, pero los secuestros y asesinatos de cristianos en la Bekaa en el verano de 1978 levantaron la indignación contra los sirios. En diciembre de 1980, los sirios repitieron el error al secuestrar a ciudadanos de Zahle en represalia por la pérdida de cinco soldados y, mientras los zahliotas celebraban la Navidad, dispararon contra la estatua de Nuestra Señora de Zahle, emplazada en una altura que domina la ciudad. Estas acciones galvanizaron el espíritu de resistencia de los cristianos.

En previsión de un asedio, las Fuerzas Libanesas comenzaron a construir cinturones de trincheras y una pista de montaña. Bashir Gemayel envió a la ciudad una fuerza de comandos, al mando de Joe Edé[40]. Siria consideró estas acciones como una amenaza directa.

El 1 de abril, los sirios intentaron penetrar en la ciudad, pero fueron rechazados. Renunciaron al asalto y comenzaron un fuerte bombardeo, mientras intentaban cortar las líneas de abastecimiento de los cristianos. Bashir Gemayel envió otro pequeño grupo de élite, al mando del carismático Elias Zayek, que se infiltró antes de que el cerco quedara completado hacia el 13 de abril. Los sirios tenían siete brigadas desplegadas en las cercanías de Zahle, frente a los 200 hombres de las Fuerzas Libanesas y unos 2500-3000 defensores locales.

40.- Joe Edé era uno de los siete jóvenes lobos del círculo íntimo de Bashir Gemayel. Era conocido por su sangre fría y su capacidad como oficial. Su conversación telefónica con Bashir Gemayel al llegar a Zahle es uno de los relatos heroicos de las Fuerzas Libanesas. Edé informó de la difícil situación de la ciudad y Bashir le respondió que entendería cualquier decisión que tomara. Edé contestó que Zahle resistiría.

Los carros sirios intentan penetrar en Zahle sin fuerzas de infantería.

Los defensores ponen fuera de combate a los carros sirios con armas antitanque. Durante la batalla de Zahle, los sirios sobreestimaron el potencial de los defensores, y temían que hubiera armas y efectivos del ejército israelí entre ellos.

A finales del mes, la situación de la ciudad era crítica. También los sirios habían tenido fuertes pérdidas en hombres y material. Las negociaciones de tregua fracasaron una tras otra. Asad decidió forzar la situación con el uso de su fuerza aérea. Los sirios desalojaron a los defensores de los edificios exteriores y comenzaron a atacar con helicópteros las posiciones falangistas en el Monte Sanín. En el plano militar, la medida siria desequilibró totalmente la situación. Sin embargo, el uso de la fuerza aérea contra una ciudad libanesa fue un error político que destrozó el rol de la FAD como fuerza de paz, no sólo ante los cristianos libaneses, sino, lo que era más grave, ante el presidente Sarkis y la comunidad internacional. Junto a los sirios, las milicias palestinas e izquierdistas bombardearon Beirut Este y el reducto cristiano, causando centenares de muertos. El Departamento de Relaciones Exteriores de las Fuerzas Libanesas hizo continuos llamamientos en París y Washington para que los sirios fueran vistos como un peligro para la paz y la estabilidad de la región. Por primera vez en la guerra, en Occidente hubo solidaridad con los cristianos libaneses. El Vaticano hizo un llamamiento al alto el fuego, la diáspora cristiana libanesa organizó manifestaciones y el lobby falangista en Washington encontró un cambio favorable.

La conversación entre Joe Edé, jefe de los defensores de Zahle, y Bashir Gemayel, tiene valor de gesta en el imaginario cristiano libanés: «Debéis tomar una decisión histórica…Si os quedáis, no podré enviaros más municiones ni medicamentos». «Nos quedamos», respondió Edé.

En aquel momento, los emisarios de las Fuerzas Libanesas estaban intentando convencer a los israelíes de que el objetivo de Siria era todo el reducto cristiano y, si Zahle caía, el desmoronamiento de la resistencia cristiana era inminente. Los israelíes se encontraban divididos, porque sospechaban que los falangistas habían provocado deliberadamente a los sirios para crear una crisis que arrastrara a Israel a la guerra. El 27 de abril, el Secretario de Estado norteamericano, Alexander Haig, hizo pública una nota en la que declaraba que Siria estaba intentando modificar el statu quo y que esto iba contra los intereses norteamericanos. Al día siguiente, el primer ministro Begin ordenó un ataque limitado: los cazas israelíes derribaron dos helicópteros sirios que atacaban el Monte Sanín. Los sirios respondieron con un fuerte bombardeo sobre Zahle y la introducción de baterías de misiles antiaéreos SAM en territorio libanés. Para el gobierno israelí, era un desafío que no podía tolerar[41]. El ataque para destruir las baterías sirias, planeado para el 29 de abril, fue aplazado por el mal tiempo y luego suspendido indefinidamente por la misión diplomática norteamericana en el Líbano y la operación contra el reactor nuclear

---

41.- El pacto de la línea roja había sido un acuerdo tácito por el que, a través de la mediación norteamericana, el gobierno israelí aceptó la ocupación siria del Líbano en 1976 bajo la cobertura de la FAD.

Las Fuerzas Libanesas evacúan triunfalmente Zahle (mayo de 1981). El acuerdo fue humillante para Siria y una gran victoria política para la milicia derechista.

iraquí. La crisis de los misiles elevó la tensión al máximo y amenazaba con convertir la Guerra del Líbano en la quinta guerra árabe-israelí.

Entretanto, los defensores de Zahle estaban desmoralizados, hambrientos y divididos. Las fuerzas especiales sirias, transportadas en helicóptero, tomaron una a una todas las alturas que dominaban Zahle y el valle de la Bekaa. Pese a estos reveses, la batalla se estaba decantando en el terreno político en favor de las Fuerzas Libanesas. El 17 de mayo, llegó el enviado especial norteamericano Philip Habib a Beirut, cuya misión cambiaría radicalmente la situación. Elias Zayek logró mantener la resistencia hasta el acuerdo del 29 de junio que puso fin al conflicto. Las Fuerzas Libanesas se comprometían a evacuar la ciudad y ceder su control a la gendarmería libanesa. Los sirios renunciaban a entrar en Zahle, pero podían instalar puestos de control en los alrededores. Al día siguiente, mientras el Likud obtuvo una inesperada y ajustada victoria electoral en Israel, noventa y cinco milicianos de las Fuerzas Libanesas evacuaron Zahle y fueron recibidos triunfalmente en Beirut Este.

De izquierda a derecha, Elias Zayek, Joe Edé y Bashir Gemayel. Zayek y Edé habían compartido el mando en Zahle y recibieron todos los honores de regreso a Beirut.

La misión Habib y la confluencia Bashir-Sarkis

La batalla de Zahle fue una gran victoria de la estrategia de Bashir Gemayel. Unió a los cristianos libaneses, destrozó la imagen de Siria, produjo una intervención israelí y atrajo la atención norteamericana. No podía producirse en un momento más oportuno: con el recién firmado tratado de paz entre Egipto e Israel, el acercamiento de Sadat a Estados Unidos y la invasión soviética de

Afganistán, los norteamericanos tenían la oportunidad de inclinar el mundo árabe y musulmán a su favor. El Líbano recobró la relevancia perdida como potencial socio de Estados Unidos en la región. Siria había reaccionado frente a la defección egipcia con la firma de un Tratado de Amistad y Cooperación con la URSS y el ofrecimiento de los puertos sirios como base para la Armada soviética. Aunque Siria no era un satélite de Moscú y mantenía buenas relaciones con Washington, la nueva Administración Reagan deseaba que las tropas sirias salieran del Líbano mediante un acuerdo. Reagan nombró a Philip Habib enviado especial en el Próximo Oriente. El diplomático de origen libanés llevaba consigo un plan de paz que era una rectificación de la política norteamericana. Habib consideraba que el

Líbano era la pieza fundamental para una distensión general que debía atraer a más países árabes a la órbita occidental, incluida Siria. Inició una negociación a varias bandas con el presidente Sarkis, las Fuerzas Libanesas, Siria, Israel, la OLP y Arabia Saudí.

Recibimiento de los defensores de Zahle en Beirut.

Habib logró una tregua multilateral el 30 de junio. El peligro de guerra entre Israel y Siria se alejaba con el acuerdo que cerraba la crisis de Zahle, pero pocos días después comenzó un nuevo conflicto entre la OLP e Israel en el Sur del Líbano –la Guerra de las Dos Semanas–. Reagan presionó a Israel con el embargo de la ayuda militar y Begin se avino a un alto el fuego el 24 de julio, de duración indefinida. Sin embargo, ni los palestinos ni los israelíes se mostraban dispuestos a hacer concesiones significativas y la misión de Habib se encontró con constantes problemas.

Mientras tanto, en la zona libre se estaban produciendo grandes cambios. La posición de Sarkis se vio muy fortalecida por la entrada en juego de Philip Habib, quien se convirtió en su principal apoyo. Sarkis logró un amplio consenso, por primera vez desde el comienzo de la guerra. El Primer Ministro sunní –en este caso, Shafik Wazan– dio su apoyo a un proyecto conocido como Documento Libanés, elaborado a iniciativa del presidente de la República. El Documento Libanés debía ser la base de un acuerdo nacional para la reconstrucción del Estado sobre tres puntos: rechazo de toda colaboración con el enemigo israelí, cumplimiento del Acuerdo de El Cairo y despliegue del ejército libanés en todo el te-

Bashir condecora a Keiruz Barakat, una leyenda de las Fuerzas Libanesas, a su regreso de Zahle.

rritorio nacional, simultáneo a la retirada por etapas de las tropas sirias, que debería completarse el 1 de agosto de 1982. La acción común del presidente maronita y el Primer Ministro sunní dio una imagen de unidad entre musulmanes y cristianos libaneses. Bashir Gemayel, a pesar de su pesimismo respecto a la sinceridad de sirios y palestinos, dio su apoyo al Documento Libanés y, tras advertir a los hebreos de la necesidad de escenificar un gesto, Bashir entregó una declaración de ruptura con Tel Aviv al presidente libanés. Sarkis aseguró tenerla, pero jamás la hizo pública. El hecho habla por sí sólo sobre las relaciones entre el presidente y Bashir Gemayel, que habían mejorado hasta un total entendimiento[42].

Los defensores de Zahle fueron recibidos en el cuartel general de las Fuerzas Libanesas en una ceremonia triunfal.

Habib propició que la diplomacia saudí se alineara con Sarkis, e incluso se reuniera con Bashir Gemayel para recomponer las relaciones entre la derecha libanesa y los países árabes prooccidentales. En pocos meses, las Fuerzas Libanesas obtuvieron el apoyo diplomático de Arabia Saudí y Kuwait, e incluso Irak comenzó a enviar regularmente armas y pertrechos.

En su mandato presidencial, Sarkis había intentado ser fiel a los principios del chehabismo: respeto de la legalidad, alineamiento con la política árabe en el exterior y fortalecimiento del Estado sin distinciones comunitarias en el interior. Fue el candidato de Damasco en 1976, pero su relación con los sirios se fue deteriorando[43]. Durante el año 1977, se convenció de que la OLP no tenía intención de respetar el Acuerdo de El Cairo, de que éste era inaplicable y que la mediación árabe a través del Comité Cuatripartito había degenerado en injerencias inaceptables. Sus diferencias con el primer ministro Selim Hoss le convencieron de los de-

42.- El acercamiento entre el presidente libanés, Elias Sarkis, y Bashir Gemayel está descrito con precisión en uno de los libros de Karim Pakraduni –asesor de Sarkis y luego de Gemayel– *La paix manquée*.

43.- Ménargues lo describe magistralmente: «El presidente libanés descubrió unas `primeras verdades´ de la tragedia libanesa: la duplicidad de una diplomacia norteamericana, primordialmente proisraelí, equívoca hasta la incoherencia; la creciente injerencia siria en el juego político libanés; el rechazo de la OLP a respetar el Acuerdo de El Cairo y el desinterés de los países árabes por un Líbano sospechoso de unirse al proceso egipcio-americano de Camp David» (MENARGUES, A. op. Cit., p 63).

El jefe de la Inteligencia libanesa, Johnny Abdo, fue el artífice de la confluencia entre Bashir y el presidente Sarkis. Por su honradez y competencia, Abdo era uno de los hombres de confianza del presidente libanés.

El presidente Elias Sarkis (presidiendo la mesa) intentó sin éxito una reconciliación entre Walid Jumblat (derecha), jefe de la principal milicia izquierdista, y Bashir Gemayel (izquierda).

fectos del propio sistema libanés, cuya bicefalia entre un primer ministro sunní y el presidente maronita era terreno abonado para el bloqueo político y la injerencia árabe. En el verano de 1978, Sarkis confesó que: «puede que este país necesite otro presidente: un presidente que arriesgue, que sepa cortar el nudo gordiano, que sepa cómo negociar con Siria, aliarse con el Frente Libanés y expulsar al ejército sirio». En octubre de 1980 inició el acercamiento a Bashir Gemayel por mediación del jefe de la Inteligencia libanesa, Johnny Abdo. Dos meses después, en vísperas de la crisis de Zahle, Gemayel y Sarkis mantuvieron una crucial entrevista en el Palacio Presidencial de Baabda. Ambos dirigentes pusieron las cartas sobre la mesa: coincidían en que la OLP debía salir del Líbano, en que la solución árabe –en realidad, siria– del conflicto estaba agotada y la necesidad de refundar el Estado libanés sobre bases nuevas. Sarkis estableció una alianza tácita con Bashir Gemayel e incluyó a un hombre de su confianza –Selim Jahel– en el gobierno. El punto central del entendimiento entre Gemayel y Sarkis era su creencia de que la influencia política y militar de Siria y la OLP hacía imposible la paz civil y la reconstrucción de un Estado libanés dotado de plena soberanía.

Puesto de control en un paso de la Línea Verde. La mitad cristiana (este) y musulmana (oeste) de Beirut permanecieron cerradas por la línea de barricadas, custodiada por francotiradores, a lo largo de la guerra. Únicamente podía pasarse de un lado a otro por cuatro pasos (Plaza Debbas, Barbir-Museo, Sodeco y la rotonda de Tayune).

El entendimiento con Sarkis y la firma del Documento Libanés por el Primer Ministro Wazan hicieron que Bashir Gemayel se posicionara claramente por un entendimiento con los musulmanes, como venía reclamando su padre y de acuerdo con los principios falangistas. «El Líbano de 10 452 km^2» se convirtió en un lema constantemente repetido que parecía desechar cualquier veleidad de partición. La reconciliación con Sarkis sería el primero de los factores que llevaría al jefe de la Resistencia a tener también en sus manos la legalidad. Los otros dos serían una nueva relación con Estados Unidos y la neutralización del poderío militar de la OLP y Siria.

Cambios decisivos

Después de cuatro tentativas fallidas, Bashir Gemayel viajó a Estados Unidos en julio-agosto de 1981. Una vez allí, le dio plantón el Secretario de Estado, Alexander Haig, y durante días soportó entrevistas con altos funcionarios que no disimulaban su antipatía por él. Finalmente, logró reunirse con el director de la CIA, William O. Casey, y el Secretario de Estado Adjunto, William P. Clark, de fuertes convicciones católicas. Bashir entendía las aspiraciones del nuevo gobierno de Reagan de revertir la penetración soviética en el Próximo Oriente e inclinar la región hacia Occidente con la superación del conflicto árabe-israelí, y aprovechó su oportunidad. Defendió la unidad del Líbano en una «nueva fórmula nacional» que también «es lo que quieren los musulmanes en general y los chiítas en particular» y postuló a su país como el más valioso aliado potencial de Estados Unidos en el mundo árabe. Con su lenguaje claro y directo, Gemayel pasó de ser «un señor de la guerra con cara de niño» a «una personalidad política importante, capaz de cumplir un papel de primer orden en la búsqueda de una solución para el Líbano» en la opinión de los norteamericanos.

M113 de las Fuerzas Libanesas.

Estados Unidos quería que la OLP y Siria se retiraran del Líbano, pero también que las Fuerzas Libanesas no emprendieran ninguna acción al margen del gobierno de Beirut, que, con el Documento Libanés, por fin tenía una base de entendimiento entre presidente y primer ministro. Bashir Gemayel se tan mostró dispuesto a cooperar con el presidente libanés como inflexible con las maniobras sirias. La diplomacia árabe se movilizó para llevar a cabo el Documento Libanés, pero pronto cayó en la inacción ante el bloqueo de sirios y palestinos, quienes intentaban ganar tiempo para tener una ocasión favorable, una vez finalizado el fin del mandato de Sarkis en el verano de 1982.

El régimen sirio se encontró a principios de 1982 con un nuevo desafío, con la rebelión islamista de Hama[44]. Assad se mantuvo firme y recuperó la ciudad tras reducirla a escombros. Un mes de lucha y la feroz represión dejaron ver los primeros signos de divorcio entre el régimen baazista y los suníes, que no tardaría en contagiar al Líbano, como manifestó el apoyo de Arafat a los Hermanos Musulmanes.

44.- La oposición siria, básicamente canalizada por los Hermanos Musulmanes, inició a mediados de los setenta una campaña de asesinatos para movilizar a la mayoría sunní contra la comunidad alauita –a la que pertenecía buena parte de la élite dirigente– y el régimen baazista. En 1980, el atentado fallido contra Asad y la insurrección de Alepo fueron un salto cualitativo. Más grave sería, sin embargo, la insurrección de Hama, en febrero de 1982.

La tregua indefinida de julio de 1981 no fue respetada por ninguna de las partes. La OLP continuó organizando atentados contra objetivos judíos en Occidente y realizando infiltraciones terroristas desde Jordania; asimismo, demostró una asombrosa capacidad de recuperación al lograr, en pocos meses, poner en pie una estructura militar mucho más poderosa que la que había destruido la Operación Litani[45]. El gobierno israelí intensificó la colonización de Cisjordania y declaró la anexión de los Altos del Golán, territorio arrebatado a Siria en 1967. Estas medidas destruían la solución de dos estados con la OLP y un

Milicianos cristianos en una iglesia destruida.

acuerdo con Siria como el de Camp David con Egipto. Como consecuencia, Washington congeló la ayuda a Israel prevista en el acuerdo bilateral de seguridad y cooperación de octubre de 1981.

El ministro de Defensa israelí, Ariel Sharon, y el comandante en jefe de la Fuerzas de Defensa de Israel, Rafael Eitan, promovían una acción de gran envergadura en el Líbano con el apoyo del primer ministro Begin. La oposición laborista, dirigida por Simon Peres, apoyaba al gobierno en una eventual operación terrestre contra las bases de la OLP, que en ningún caso debía penetrar más allá de 40 kilómetros, es decir, no más allá de la línea roja que limitaba al sur el despliegue sirio en Líbano desde 1976. Esta operación, bautizada como «Pinos Pequeños», debía seguir las líneas de la «Operación Litani» de 1978, aunque extendida hasta Sidón: breve, limitada a objetivos palestinos y con la prioridad de evitar incidentes con los sirios. Sin embargo, los tres halcones tenían en mente dos planes alternativos que ampliaban los objetivos de

Soldados sirios en Beirut.

45.- La OLP formó tres brigadas, de unos 9000 hombres en total, dotadas con 30 carros T-34 y 120 blindados, y siete batallones de artillería, cañones y lanzacohetes soviéticos. A estas fuerzas había que sumar las milicias y fuerzas irregulares que aumentarían la cifra de combatientes hasta unos 15 000 efectivos.

ISRAEL Y LAS FUERZAS LIBANESAS: UNA ALIANZA INESTABLE

Durante la Guerra de los Dos Años (1975-76), el gobierno laborista hebreo dio ayuda militar secreta y limitada a las milicias derechistas, pero se mantuvo oficialmente neutral. La alianza, con todos sus matices, comienza durante el gobierno del Likud. Los israelíes estaban divididos en sus objetivos libaneses: de una parte, los laboristas, la Inteligencia militar y algunos ministros del Likud buscaban, por encima de todo, la eliminación o debilitamiento de la presencia de la OLP en el Sur del Líbano. Sentían escasa simpatía hacia los falangotes, como les llamaban despectivamente, e incluso pensaban sustituirles por drusos y chiítas. De otra parte, los halcones del Likud y el Mossad eran

firmes partidarios de la alianza con las Fuerzas Libanesas. También en el seno de las Fuerzas Libanesas había diferencias de opinión, con la oposición de Pierre y Amin Gemayel a cualquier colaboración con Israel que fuera más allá de acuerdos puntuales de ayuda.

Los israelíes intentaron sin éxito implicar a sus aliados cristianos en su plan de invasión, pero no entendieron que la situación estaba cambiando rápidamente en la política libanesa. Creyeron erróneamente que la llegada de Bashir Gemayel a la presidencia se traduciría automáticamente en un tratado de paz y un Estado cristiano dependiente de la ayuda israelí.

Cuando las tropas hebreas llegaron a las afueras de la capital, se decidió pedir a las Fuerzas Libanesas que ocuparan Beirut Oeste para expulsar al grueso de los fedayín, atrincherados allí. Bashir Gemayel no podía acceder, entre otras cosas, porque hubiera sido el fin de sus posibilidades para ser elegido Presidente de la República y porque hubiera roto todos los frágiles consensos alcanzados por el presidente saliente. Esta incomprensión creó fricciones y tuvo malos resultados para ambos. El general Eitan dice en sus memorias: «Muchos creían que los cristianos no se unieron a la lucha, sino que esperaron en la barrera a que Israel les diera la victoria. A pesar de que esto era cierto en muchos aspectos, también hay que decir que nuestras decisiones no incluían a los cristianos en nuestros proyectos». Tampoco Bashir Gemayel entendió, o no quiso dejarse arrastrar, por la estrategia israelí, basada en aprovechar su supremacía militar y política con avances paulatinos en una crisis indefinida en la que se rechaza cualquier fórmula de compromiso.

Otra de las cuestiones es por qué Begin y Sharon, en una situación de enorme debilidad parlamentaria, se empeñaron en emprender una aventura libanesa con todas las nefastas consecuencias que tuvo para su gobierno y la reputación de su país. La seguridad de la región fronteriza de Galilea, e incluso un tratado de paz con el Líbano, no explican totalmente una huida hacia adelante como la invasión del Líbano y la entrada en Beirut de 1982, en la que el gobierno israelí se inmolaba frente al mundo y su propia opinión pública, como se verificó con la dimisión de Sharon y Begin. Es posible que la colonización hebrea de Cisjordania —asunto de primer orden para ambos— fuera el motivo de fondo. La invasión se produjo en un momento en que la nueva Administración

Reagan había comenzado a negociar con la OLP, aun sin reconocerla públicamente como interlocutor. No hay duda de que la invasión logró herir de muerte a la OLP en el Líbano, lo que equivalía a descabezar la posición palestina y asegurar una Cisjordania indefinidamente hebrea frente a los nuevos designios

de Washington en la región o un eventual cambio de gobierno en Tel Aviv. De hecho, así fue hasta que la primera intifada (1987-1993) convirtió a los habitantes de los territorios palestinos ocupados en protagonistas de la resistencia palestina y eclipsó a las facciones de fedayin del exterior.

«Pinos Pequeños»: la operación «Pinos Medios» preveía una penetración hacia Beirut y la Bekaa, con una acción limitada contra los sirios; y «Pinos Grandes», que apuntaba a la total destrucción del ejército sirio y de la OLP en el territorio libanés, incluida la capital[46]. Begin se cuidó mucho de no informar de las variantes a la oposición. Tampoco se informó a las Fuerzas Libanesas de que los laboristas, al igual que la A'aman (Dirección de Inteligencia Militar), sólo apoyaban una acción limitada. El jefe de ésta y miembro del Likud, el general Joshua Saguy, era uno de los más firmes detractores de la colaboración con las Fuerzas Libanesas.

El plan «Pinos Pequeños» había sido presentado al gobierno israelí en diciembre de 1981; fue aprobado el 10 de mayo de 1982 por 11 de los 18 ministros y se le puso fecha: el 17 de mayo de 1982. Sin embargo, en marzo y mayo, el gobierno de Begin sufrió una crisis parlamentaria –fuga de diputados y dos mociones de censura– que le dejaron muy debilitado. El Primer Ministro israelí había comenzado a pensar en la intervención en el Líbano como el medio para reforzar su posición interna con una acción decisiva sobre la OLP y un tratado de paz con el Líbano.

En enero de 1982, Sharon había anunciado a Bashir Gemayel la decisión de invadir el Líbano y durante semanas, israelíes y falangistas se habían reunido para exponer sus puntos de vista. Los israelíes exigían que las Fuerzas Libanesas o el ejército libanés tomaran Beirut occidental y expulsaran a la OLP; los cristianos arguyeron que no podrían hacerlo si no se cumplían dos condiciones: que el ejército sirio fuera neutralizado totalmente, lo que implicaba que los israelíes

---

46.- No está claro quién era el principal impulsor de una invasión del Líbano a gran escala, con objetivos que iban más allá de los que se hicieron públicos. Sharon compartía con Begin y Eitan una visión política y estratégica por encima de sus diferencias. Según Bob Woodward, para la CIA «estaba claro que Sharon tenía a su primer ministro, Menchem Begin, totalmente hipnotizado» (WOODWARD, B., Veil: Las guerras secretas de la CIA, 1981-1987, p. 194, Ediciones B, Barcelona, 1987.

debían desalojarlo del Norte y la Bekaa; y que las Fuerzas Libanesas se vieran reforzadas con la toma de los territorios cristianos de la Bekaa, el Norte y el Chuf.

Bashir Gemayel pasó del entusiasmo inicial a un creciente escepticismo. Conocía las limitaciones ofensivas de su milicia y era favorable a una acción del ejército libanés contra los campamentos palestinos de Beirut occidental, pero en ningún caso quería aventurarse en una dudosa conquista del sector musulmán de la capital. Una intervención israelí a gran escala era el escenario que Bashir Gemayel estaba buscando desde la Guerra de los Cien Días para debilitar o eliminar la influencia de sirios y palestinos en el Líbano y tomar el poder legalmente; sin embargo, una acción militar coordinada con Israel contra Beirut occidental destruiría los

Observador israelí durante la Operación «Paz para Galilea».

precarios avances políticos en materia de unidad nacional conseguidos por el presidente Sarkis y privaría al dirigente falangista de toda posibilidad de acceder a la Presidencia de la República. La cúpula de las Fuerzas Libanesas trazó dos planes de acción, uno político y otro militar, conocidos como «M», inicial de Maya, hija pequeña de Bashir, asesinada en 1979. El plan «M» militar señalaba como objetivos, entre otros, la conquista de los territorios cristianos del Líbano por parte de las Fuerzas Libanesas. El plan «M» político, básicamente, preveía el nombramiento de Bashir al frente de un gobierno de salvación nacional por el presidente Sarkis, en la coyuntura de una invasión israelí; la milicia cristiana sería legalizada como Guardia Nacional o parte integrante del ejército libanés.

Artillería hebrea durante la invasión del Líbano de 1982.

Los norteamericanos se encontraban confusos y divididos. La tregua indefinida de julio de 1981 no había dado los resultados esperados, pero no deseaban perder la iniciativa diplomática. El 26 de mayo de 1982, Ariel Sharon se reunió en Washington con el Secretario de Estado, Alexander Haig. Sharon declaró que su gobierno no deseaba la guerra, pero «si ellos continúan, los liquidaremos». Haig aseguró que su gobierno trabajaba para que la OLP abandonara el Líbano por vías diplomáticas. No se mostró contra una respuesta militar israelí, pero subrayó a Sharon que debía tener en cuenta «el contenido mismo de las provocaciones y sus proporciones… Se trata de responder a una provocación y no de aplicar la ley del Talión». Sharon fue deliberadamente ambiguo y dijo a Haig que «no tenemos nada previsto» y «no creo que se trate de una operación demasiado importante». Los israelíes regresaron con la convicción de que el Secretario de Estado había aprobado tácitamente la intervención, bajo ciertas condiciones; por su parte, los norteamericanos creyeron que la acción israelí iba a ser limitada.

La invasión israelí, 1982

LÍBANO

MAR MEDITERRÁNEO

SYRIA

ISRAEL

HALBA
TRIPOLI
HERMEL
CHEKKA
ZGHARTA
AMIOUN
EHDEN
BATROUN
BSHARRE
BERBARA
JBEIL
BEIRUT
JUNIE
BIKFAYA
BAALBEK
ZAHLE
DAMOUR
SIDON
JEZZINE
JOUB JANIN
TIRO
MARJAYOUR
BENT JBEIL

Leyenda:
- Milicias cristianas
- Control sirio
- Línea de alto el fuego
- Avance israelí
- Límite de la zona de ocupación israelí

Operación «Paz para Galilea»

El 3 de junio de 1982, terroristas palestinos dispararon sobre el embajador israelí en el Reino Unido. Inmediatamente trascendió que pertenecían a la peculiar facción palestina de Abu Nidal, quien odiaba más a Arafat que a los propios israelíes. Éstos sospechaban que, más que contra Israel, con este atentado Abu Nidal buscaba desencadenar una guerra que barriera a sus rivales palestinos. Aun

Combatientes de la OLP.

así, el gobierno hebreo aprobó el 4 de junio un ataque aéreo sobre los campamentos de refugiados palestinos en Beirut. Los palestinos respondieron disparando con toda su artillería contra el norte de Israel. Los hebreos consideraron que el incidente cumplía las condiciones señaladas por el Secretario de Estado norteamericano, Alexander Haig. Sharon logró vencer las últimas suspicacias de algunos miembros del gobierno con promesas de que la ofensiva se limitaría a unos 25 kilómetros y se dirigiría exclusivamente a la destrucción de la artillería palestina que estaba atacando el norte de Israel. El nombre de Operación «Pinos Pequeños» fue hábilmente cambiado por el de «Paz para Galilea». El gobierno israelí aprobó por unanimidad la invasión.

El 6 de junio, tres columnas israelíes, con tres divisiones acorazadas en vanguardia, cruzaron la frontera libanesa. La primera, dirigida por el general Isaac Mordecai, se dirigió hacia Tiro y Sidón por la carretera costera de Beirut. La columna central, mandada por el general Kahalani, penetró por la zona de la milicia libanesa proisraelí del mayor Haddad (ELL, Ejército del Líbano Libre) hacia Nabatiye; allí debía dividirse en una segunda columna central en la dirección de Jezzine. Previamente, una unidad de la Brigada «Golani» había tomado el estratégico castillo de Beaufort, puesto de observación sirio-palestino que dominaba todo el Sur del Líbano. La tercera columna, dirigida por el general Ben Gal se encaminó hacia el valle de la Bekaa, a través de Hasbaya y Rashaya. La fuerza de invasión formaba un total de 76 000 efectivos, con unos 1240 carros de combate y 600 cazabombarderos. El Estado Mayor israelí dejó en reserva cuatro divisiones acorazadas, dos de ellas desplegadas en los Altos del Golán, en prevención de una acción hostil por parte siria. La 35ª Brigada Paracaidista, al mando del general Yaron, desembarcó en la desembocadura del río Awali, al norte de Sidón, bastión palestino, para cortar la retirada de los fedayín hacia Beirut.

Tras dos días de avance israelí, los fedayín habían abandonado sus posiciones y se encontraban cercados en Tiro y Sidón. A pesar de su inferioridad, algunos pequeños grupos improvisaron emboscadas, pero no pudieron detener el rodillo israelí. El entusiasmo hebreo fue incrementado por los valiosos archivos aprehendidos que los palestinos no tuvieron tiempo de destruir; junto a esto, el A'aman obtuvo información exhaustiva en un tiempo récord a partir del interrogatorio de millares de detenidos. En apenas unos días, los israelíes tenían en sus manos todos los detalles de la estructura y miembros de la OLP, con sus ramificaciones internacionales, direcciones y todo tipo de referencias: una victoria decisiva en términos de inteligencia[47].

El secretario general de la OLP, Yaser Arafat, durante el asedio de Beirut oeste por los israelíes.

El 9 de junio, los israelíes habían alcanzado Damur y penetrado en el Chuf. Sus fuerzas continuaron abriéndose paso hacia Beirut, con el objetivo de cercarlo, separarlo del grueso de las fuerzas sirias en la Bekaa y enlazar con la zona bajo control de las Fuerzas Libanesas. Esto llevaba la guerra más allá del límite de 40 kilómetros e indicaba que los israelíes apuntaban a objetivos más ambiciosos. Asad estaba al tanto, puesto que tras la reunión de Haig y Sharon, había sido informado por Washington de la intervención israelí, en los términos que había declarado el ministro de Defensa israelí.

Mientras la FDI avanzaba, los sirios habían comenzado a replegarse hacia la Bekaa, a pesar de lo cual se produjo un primer incidente: varios de sus aviones fueron derribados tras aventurarse a sobrevolar las posiciones palestinas. Es difícil creer que los sirios buscaran una confrontación, pero tampoco confiaban en las intenciones de Sharon. Posiblemente para marcar límites a la invasión y proteger su dispositivo defensivo en el flanco sur de la Bekaa, que Siria estimaba vital para su presencia en el Líbano, una unidad

---

47.- El coronel Juan Maynar, en una obra sobre terrorismo, inédita tras su muerte, afirma que un centenar de ciudadanos españoles –miembros de ETA– fue detenido e identificado por la Fuerza de Defensa de Israel en los campamentos palestinos (MAYNAR, J., Terrorismo. La guerra no convencional, p. 44, inédito).

de carros T-62 se puso en marcha hacia Jezzine, la ciudad cristiana en la que la columna Kahalani debía partirse en dos. Sharon no se detuvo y ordenó la destrucción de los carros sirios. Al mismo tiempo, obtuvo permiso del gobierno para un avance en el valle de la Bekaa, más allá de los 40 kilómetros inicialmente previstos. Cuando las baterías de misiles SAM sirias estuvieron al alcance de los israelíes, Asad desplegó nuevas baterías al Norte, fuera del alcance de los israelíes. Era la ocasión que Sharon esperaba para ordenar un ataque en toda regla, la Operación «Grillo Topo», para destruir las baterías SAM y, de paso, el poder aéreo sirio.

El 9 de junio, en apenas unas horas, los israelíes destruyeron 19 baterías de misiles en una operación admirablemente ejecutada. Llevaban tiempo preparando el ataque y su tecnología electrónica era superior: inutilizaron las comunicaciones sirias con interferencias y usaron con éxito aviones sin piloto para detectar los objetivos.

Destrucción de Beirut oeste por los bombardeos israelíes.

Después de destruir los emplazamientos de radar sirios, los israelíes fueron destruyendo las baterías con sus F-4 Phantom, mientras la fuerza aérea siria, compuesta principalmente por MiG 21 y 23, intentó interceptar a los atacantes. En una batalla aérea de dos días, los F-15 y F-16 israelíes derribaron 85 aparatos sirios[48].

Mientras tanto, las fuerzas terrestres se internaron en la Bekaa y se encontraron con posiciones sirias bien defendidas. En Sultan Yacub, una columna israelí de carros fue detenida en una emboscada nocturna por fuerzas de artillería y comandos sirios bien atrincherados; durante varias horas, la situación de los israelíes fue tan desesperada que pidieron a su propia artillería que dispararan sobre ellos, ya que la infantería siria había montado sobre los carros israelíes. Finalmente,

---

48.- La batalla aérea de la Bekaa fue una prueba para la industria militar de Occidente y el bloque soviético. La fuerza aérea siria envió a sus MiG 21 y 23, de fabricación soviética, contra los F-15 y F-16 israelíes, de fabricación norteamericana (aunque también contaban con F-4 Phantom, Skyhawk y el modelo israelí Kfir). La aplastante victoria de los aparatos occidentales sobre los soviéticos tuvo un gran efecto moral y propagandístico. Sin embargo, el general David Ivry señaló que los pilotos sirios entraron en una batalla sin posibilidades, al tener interferidas sus comunicaciones con el control de tierra e ignorar la ruta de interceptación de los aparatos enemigos que debían seguir.

lograron retirarse con la pérdida de treinta hombres y una decena de tanques. La batalla es un ejemplo de la mejora general de la habilidad y motivación de las tropas sirias respecto a conflictos anteriores. Sin embargo, la superioridad aérea y electrónica inclinó la balanza. El mando israelí tuvo en todo momento una excelente información de la situación y movimientos de las fuerzas enemigas, mientras que los sirios se encontraban prácticamente a ciegas por las efectivas interferencias de las comunicaciones de radio y la neutralización de sus radares. Los israelíes fueron perforando el dispositivo defensivo sirio en la Bekaa y, al mismo tiempo, atacaron a los refuerzos en ruta hacia el frente. Más de 300 carros sirios fueron destruidos, en su mayoría por helicópteros hebreos equipados con armas antitanque. La 1ª División Acorazada siria, al mando de Rifat Asad, hermano del presidente sirio, perdió su capacidad de combate y debió retirarse al norte de la carretera Beirut-Damasco. El avance de las columnas del centro y la costa estaba cubierto.

Soldados israelíes confraternizan con milicianos cristianos en Beirut.

Pese a los reveses, sirios y palestinos resistieron lo suficiente como para activar la presión diplomática de las dos superpotencias. El gobierno norteamericano estaba muy alarmado por el curso de los acontecimientos. Las garantías verbales de Sharon se habían volatilizado al colisionar con las fuerzas sirias, y la magnitud del ataque israelí parecía demostrar que Sharon había provocado deliberadamente a Damasco, con objetivos muy diferentes a los que había hecho públicos. Ante todo, Washington deseaba evitar una derrota siria lo bastante contundente para implicar a los soviéticos, con los que Damasco había firmado un tratado en 1980. En consecuencia, los norteamericanos presionaron a Begin para que aceptara una tregua, en la que Habib pudiera negociar la evacuación de los fedayín del Líbano. El 12, el gobierno israelí aceptó un alto el fuego. El 15, Begin viajó a Washington, pero no fue recibido por el presidente Reagan. Fue recibido por el Secretario de Estado, Alexander Haig, quien le indicó que «Israel debe acabar el trabajo y erradicar a la OLP de Beirut, pero sería más adecuado que las Fuerzas Libanesas se encargaran de esta tarea». Begin respondió que las Fuerzas Libanesas necesitarían la ayuda israelí para hacerlo.

Sharon y Eitan recibieron la tregua como una incomprensible cesión que invalidaba los logros, justo en el momento en que las fuerzas sirias y palestinas estaban en una situación angustiosa. Las condiciones tampoco eran aceptables para Israel: detención de la colonización judía de Cisjordania y transformación de la estructura militar palestina en el Líbano en fuerza política, como alternativa a su evacuación.

Detenidas las operaciones, los oficiales hebreos en Beirut oriental pidieron a las Fuerzas Libanesas que se abrieran paso hacia el lugar donde se había detenido el avance israelí, a las afueras de Khalde. Deberían tomar el aeropuerto y desalojar de las laderas a las milicias palestinas, a las que se habían unido comunistas, miembros de AMAL y voluntarios de la Guardia Revolucionaria iraní. Sin embargo, el 13 se reanudó la ofensiva y los israelíes tomaron contacto con los cristianos al sur de Baabda. Una segunda tregua fue inmediatamente violada y los israelíes pasaron por la zona libre para atacar a los sirios a través de la carretera de Damasco. Bashir Gemayel ordenó abrir la Línea Verde y la población de Beirut occidental se precipitó hacia el sector cristiano de la capital en busca de refugio, mientras los palestinos y chiítas lo hacían hacia el norte del sector musulmán, ocupando calles e inmuebles.

Elección de Bashir Gemayel como presidente de la República el 23 de agosto de 1982.

El 19, Begin fue recibido por Reagan, quien le conminó a retirarse de los suburbios de Beirut. El hebreo entendió que Haig no podía asegurar el apoyo norteamericano a Israel y accedió a un alto el fuego que entró en vigor el 24 de junio. Haig, cuestionado por su propio gobierno, presentó la dimisión. Para entonces, las fuerzas palestinas y la 85 Brigada siria estaban atrapadas en Beirut occidental. El grueso del Ejército sirio mantenía firmemente el paso a la Bekaa y su artillería seguía teniendo Beirut al alcance desde sus posiciones en las cotas de la zona central de Monte Líbano.

El 3 de julio, los israelíes entraron en la capital y se desplegaron a través de la Línea Verde, cerraron el cerco de Beirut oeste y desistieron de desalojar a los sirios de sus sólidas posiciones en Monte Líbano, el Norte y la Bekaa. Para las Fuerzas Libanesas, el fin de la guerra sirio-israelí frustraba sus aspiraciones de reforzar su base

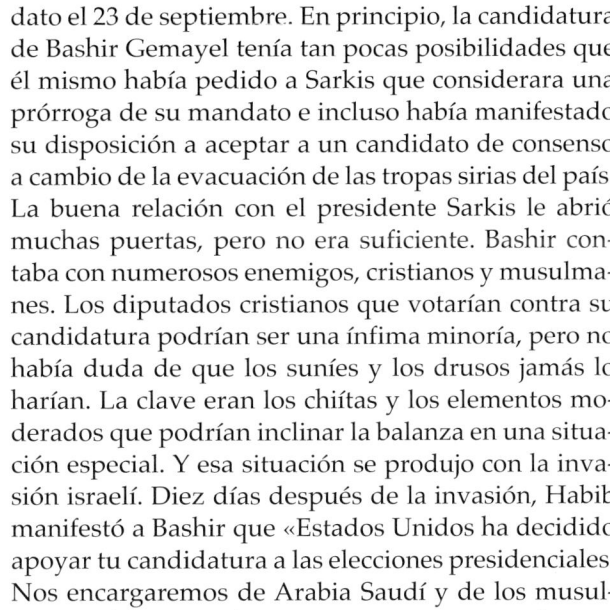

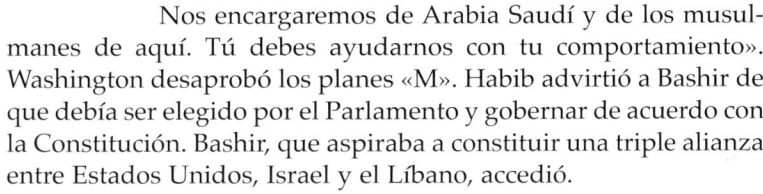

territorial con la expansión hacia los territorios de población cristiana de Monte Líbano, el Norte –dominados por Siria y la milicia de los Franyie– y la Bekaa –Zahle y sus alrededores–.

En el terreno político, las cosas estaban cambiando rápidamente. La presión israelí sobre Beirut occidental dejó claro a amigos y enemigos que Bashir Gemayel era el único candidato presidencial capaz de controlar el incendio de la invasión israelí. Por su parte, en una reunión de una delegación falangista con el hombre de Asad en el Líbano, Abdul Khalim Khadam, éste se mostró favorable a la retirada de la OLP y a un gobierno de salvación nacional que pidiera a Damasco la retirada de sus tropas, siempre que la FDI hiciera lo propio y el Líbano no firmara una paz separada con Israel.

¡El Líbano está salvado!

Las aspiraciones de Bashir Gemayel a la Presidencia de la República podían entreverse desde finales de 1981[49], pero no fue hasta mayo de 1982 cuando el Frente Libanés lo proclamaría su candidato a suceder a Elias Sarkis ante la expiración de su mandato el 23 de septiembre. En principio, la candidatura de Bashir Gemayel tenía tan pocas posibilidades que él mismo había pedido a Sarkis que considerara una prórroga de su mandato e incluso había manifestado su disposición a aceptar a un candidato de consenso a cambio de la evacuación de las tropas sirias del país. La buena relación con el presidente Sarkis le abrió muchas puertas, pero no era suficiente. Bashir contaba con numerosos enemigos, cristianos y musulmanes. Los diputados cristianos que votarían contra su candidatura podrían ser una ínfima minoría, pero no había duda de que los suníes y los drusos jamás lo harían. La clave eran los chiítas y los elementos moderados que podrían inclinar la balanza en una situación especial. Y esa situación se produjo con la invasión israelí. Diez días después de la invasión, Habib manifestó a Bashir que «Estados Unidos ha decidido apoyar tu candidatura a las elecciones presidenciales. Nos encargaremos de Arabia Saudí y de los musulmanes de aquí. Tú debes ayudarnos con tu comportamiento». Washington desaprobó los planes «M». Habib advirtió a Bashir de que debía ser elegido por el Parlamento y gobernar de acuerdo con la Constitución. Bashir, que aspiraba a constituir una triple alianza entre Estados Unidos, Israel y el Líbano, accedió.

Foto oficial de Bashir Gemayel, elegido presidente del Líbano. No llegaría a tomar posesión de su cargo.

49.- Así lo asegura su consejero Karim Pakraduni en base a su discurso en el 45º aniversario de la fundación de las Falanges Libanesas, en noviembre de 1981 (PAKRADOUNI, K., op. cit., p. 245). En enero de 1982, su equipo decidió explorar las posibilidades de su candidatura.

BASHIR GEMAYEL, ¿LÍDER REVOLUCIONARIO?

Bashir Gemayel constituye, posiblemente, uno de los enigmas más apasionantes de la historia árabe reciente. Su fulgurante ascensión al poder, su indiscutible carisma y final de tragedia hicieron de él un personaje de leyenda, intensamente admirado o denostado. Pertenecía a una de las familias de la zu'ama, pero no era el heredero del fundador de las Falanges Libanesas, sino el garbanzo negro, el inadap-

tado que detestaba íntimamente la corrupción, la componenda y el clientelismo asociado a las viejas élites libanesas a las que pertenecía. Ante todo, Bashir Gemayel era un cristiano de Oriente que deseaba una nación libanesa con un Estado fuerte.

Defendía una economía libre, y afirmaba que ésta no podía existir sin instituciones libres. Sin embargo, no era un liberal de tipo occidental, y mucho menos un laicista a la francesa, indiferente ante la identidad religiosa, cultural o étnica. Para un occidental, acostumbrado a vivir en una sociedad de base cristiana, libre del sentimiento de peligro para su existencia y libertad, es difícil entender la visión de Gemayel del Líbano como patria de los cristianos libaneses y, por extensión, de los del Próximo Oriente. La actitud de Bashir hacia Siria tenía mucho de reacción instintiva contra toda fórmula de sumisión a cambio de protección, que era una vuelta al estatuto de dhimmíes. Uno de sus oficiales, Joseph Abu Khalil, lo expresó así a los

polarización política y comunitaria estaba provocada por poderes externos, como la OLP y Siria, y era difícil un acuerdo entre libaneses en tanto las fuerzas extranjeras no salieran del país. Bashir Gemayel defendía que la guerra civil destruyó cualquier posibilidad de volver a los compromisos del Pacto Nacional de 1943. La fórmula «Ni Occidente, ni arabización» y otras semejantes no podían mantenerse en un país débil

israelíes: «*Los cristianos del Líbano no sólo son una entidad religiosa. Son, ante todo, una mentalidad, una civilización, una libertad. Cuando hablamos de genocidio, pensáis que exageramos. ¡Os equivocáis! Para nosotros, el genocidio no significa la muerte física. Es la muerte de los cristianos de Oriente. Es pasar a ser como los cristianos de Siria y Egipto, ciudadanos de segunda*».

No debe entenderse que Bashir Gemayel fuera por principio enemigo de un Líbano en el que convivieraan cristianos y musulmanes; de hecho, sus discursos y escritos afirman lo contrario, y en su carrera a la Presidencia de la República, sabía que era un requisito, tanto para mantener la alianza norteamericana como para obtener los votos necesarios en el Parlamento, establecer algún tipo de alianza con sectores chiítas y drusos. Mantenía que la

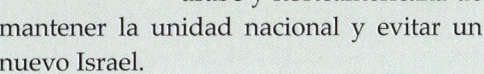

y mediatizado. En el caso de que se demostrara inviable un Líbano unitario una vez tomado el poder, la meta sería una patria para los cristianos en un Líbano descentralizado que necesariamente debía ser refundado con alguna apariencia de legalidad. Aunque un Líbano cantonal, a la suiza, era una partición de facto, también podía ser la base de un entendimiento duradero entre cristianos y musulmanes libaneses, sin tutelas extranjeras, y se adecuaba a la exigencia árabe y norteamericana de mantener la unidad nacional y evitar un nuevo Israel.

En julio y agosto de 1982, Beirut occidental fue machacado por bombardeos israelíes desde tierra, mar y aire. Al principio, los hebreos usaron un protocolo de localización de objetivos, pero también bombardearon deliberadamente zonas residenciales ajenas al control palestino para ejercer presión sobre los líderes musulmanes que negociaban la evacuación de la OLP. El 4 de agosto, la Fuerza de Defensa de Israel utilizó bombas de fósforo que produjeron grandes incendios. La situación era complicada: alrededor de 15 000 fedayin palestinos, 3000 soldados sirios y un número indeterminado de milicianos izquierdistas e integristas resistían, agazapados en trincheras y refugios, a la espera de que la presión interna y externa sobre el gobierno israelí hiciera su efecto. Por su parte, el Primer Ministro Begin estaba bajo una fuerte presión: por una parte, su ministro de Defensa incrementaba la intensidad del bombardeo mientras las fuerzas terrestres israelíes estrechaban el estrangulamiento del sector musulmán de la capital desde el Sur y a lo largo de la Línea Verde; por la otra, el presidente norteamericano, Ronald Reagan, y toda la comunidad internacional exigían la detención de la ofensiva. Todo esto sucedía ante las cámaras de televisión de decenas de reporteros de todo el mundo que se habían desplazado a Beirut. Por si fuera poco, un fuerte movimiento de oposición había surgido en Israel, tanto en la sociedad civil como en el Ejército y el Partido Laborista. Incluso en su propio partido había quienes criticaban la irresponsabilidad del gobierno.

Emblema de las Fuerzas Libanesas. Éstas nacieron como la alianza de facto de las milicias del Frente Libanés durante la Guerra de los Dos Años (1975-76). La jefatura de Bashir Gemayel (1976-1982), no sin conflictos, hizo que la pintoresca colección de facciones cristianas se convirtiera en una milicia unificada y con creciente profesionalización.

Los israelíes estaban decepcionados con la negativa de Bashir Gemayel y las Fuerzas Libanesas a tomar Beirut occidental y evitarles el descrédito internacional al tener que hacerlo ellos mismos para acabar con la OLP[50]. En realidad, esto era una muestra de la miopía israelí ante la cambiante situación libanesa. Bashir y sus consejeros estaban trabajando desde enero de 1982 en crear las condiciones favorables para su candidatura a la Presidencia. Mantenía su control sobre las Fuerzas Libanesas, pero sus acciones no eran ya las de un jefe de milicia, sino las de un político. Estaba en permanente contacto con el presidente Sarkis y el gobierno, con sus adversarios de la OLP, Siria y la izquierda libanesa, y trataba de establecer vínculos con posibles partidarios en el campo druso y chiíta, como se haría evidente en su elección. Antes de la invasión, había expresado claramente a los israelíes sus condiciones para implicarse en un ataque a Beirut occidental, que no pudieron o no quisieron garantizar. Ya no tenía necesidad de hacer apuestas, porque sabía que el tiempo corría a su favor. Mostrando más habilidad como militar que

El cedro triangular sobre blanco, bandera de las Falanges Libanesas. El partido falangista era el principal miembro del Frente Libanés, y su milicia, las Fuerzas Regulares Falangistas, aportaba el mayor contingente de las Fuerzas Libanesas. Esta hegemonía siempre había despertado suspicacias.

50.- La tensión acumulada estalló entre Bashir Gemayel, ya elegido presidente, y el Primer Ministro Begin en el último encuentro que mantuvieron en Nahariya, el 30 de agosto. Begin recriminó con aspereza a Gemayel su falta de colaboración y su ingratitud, ante la negativa de éste a firmar un tratado de paz hasta que se hubiera estabilizado la situación interna.

MILICIAS Y MAFIAS

La guerra libanesa fue una época dorada para la delincuencia organizada. La inexistencia de legalidad en los territorios dominados por las milicias amparó una corrupción casi ilimitada y la conjunción, o confusión, entre mafias y milicias. Hoy conocemos que la financiación ilegal de la guerra –con el enriquecimiento de sus agentes– es una práctica habitual también en estados constituidos, como fue el caso de la financiación norteamericana de las guerras de Camboya, Nicaragua o Afganistán. Ahora bien, en el caso de la Guerra del Líbano, es llamativo que la violencia de los combates entre ejércitos y milicias no fue óbice para que se efectuaran grandes negocios, a menudo entre enemigos. El ministro de Exteriores sirio, Abdul Khalim Khadam, por ejemplo, hizo una fortuna millonaria en su puesto de dirección de la política siria en el Líbano; lo mismo podía decirse de dirigentes milicianos como Arafat o Zuhair Muhsin, a quien se apodó *El Persa* debido a su debilidad por las alfombras saqueadas en las viviendas de clase alta del centro de Beirut.

Los negocios eran tan importantes como la guerra. Por ejemplo, la proliferación de armas enviadas por Siria era una de las causas inmediatas de la escalada de la guerra tras el Sábado Negro y, por tanto, no favorecía la solución negociada de Khadam. Sin embargo, la petición de que Siria dejara de enviar armas al Líbano efectuada por el Primer Ministro libanés, en su viaje a Damasco en diciembre de 1975, fue rechazada. Estas armas eran compradas en Beirut occidental por las diferentes milicias izquierdistas, que a su vez las revendían, sin excluir a sus enemigos. El hecho de que la URSS, USA, Israel, Libia, Irak, Arabia Saudí, Siria, Egipto o Irán tuvieran aliados o satélites en el Líbano proporcionaba al mercado negro libanés un constante abastecimiento de armamento, que a su vez era revendido dentro o fuera del Líbano. En 1991, tras el fin de la Guerra del Líbano, buena parte del arsenal de las Fuerzas Libanesas fue vendido a las milicias croatas.

Las milicias conseguían sus ingresos a través de sus patrocinadores exteriores, de las tasas y exacciones en sus feudos o de los negocios ilegales, como la venta de armas, los coches robados, los secuestros con rescate, el contrabando o la producción y tráfico de drogas. Las milicias establecieron *puertos* ilegales en sus feudos, en los que realizaban estos negocios, como el muelle 5 del puerto de Beirut. Asimismo, también establecieron *aduanas* en las vías de tránsito a través de sus territorios, en las que cobraban peajes a los transportes de mercancías. El *checkpoint* de Berbara, en la carretera

costera Beirut-Trípoli, era una de las principales fuentes de ingresos de las Fuerzas Libanesas. En los años ochenta, las zonas controladas por Hizbolá y el Ejército sirio en la Bekaa produjeron grandes cantidades de heroína y hachís destinadas al mercado europeo.

En algunas ocasiones, las milicias también se dedicaban al pillaje, sobre todo al principio de la guerra. El robo de las cajas de los grandes bancos del centro de Beirut en 1976 por las milicias palestinas con la ayuda de atracadores profesionales venidos de Europa, el mayor de la historia del crimen, les reportó un botín de cientos de millones de dólares. Las milicias derechistas también saquearon a conciencia el puerto de Beirut y, aunque estaban escasas de dinero, en muchos casos las ganancias fueron a parar a los bolsillos de oficiales corruptos.

como político, Sharon confiaba en que, una vez comenzada la invasión, Gemayel accedería a intervenir.

Bashir estimaba indispensable mantenerse al margen para afianzar su imagen de líder nacional y, al mismo tiempo, que los israelíes bombardearan Beirut occidental. En agosto, sus cálculos se demostrarían certeros. Toda la presión recaía sobre Arafat y Sharon, representantes de palestinos e israelíes a quienes, en última instancia, cristianos y musulmanes libaneses responsabilizaban del conflicto libanés. Los palestinos abandonaron la pretensión de convertir Beirut en el Leningrado árabe[51] cuando políticos suníes como Rashid Karame, sus defensores de la víspera, pero ahora apremiados por la destrucción de la capital, les hicieron ver que la resistencia era inútil. Philip Habib no había dejado de negociar la evacuación de los fedayín con la garantía de una fuerza estadounidense para proteger a los civiles palestinos. Sólo faltaba que se pusieran de acuerdo sobre si la fuerza de paz debía desplegarse antes o después de la evacuación, como exigían palestinos y hebreos, respectivamente. En otra de sus iniciativas personales, el 12 de agosto, Sharon ordenó un bombardeo indiscriminado de doce horas. La envergadura del ataque fue tal, que Reagan llamó a Begin, y éste, a su vez, prohibió a Sharon cualquier bombardeo sin su permiso expreso. Aquella misma noche, el ultimátum de Habib a Arafat fue aceptado.

Ariel Sharon.

Entre el 21 de agosto y el 1 de septiembre, alrededor de 15 000 combatientes sirios y palestinos fueron evacuados de Beirut occidental. La mayoría lo hizo por mar, mientras llegaba, por el mismo medio, una Fuerza Multinacional (FMN I), formada por 800 marines estadounidenses, 350 paracaidistas franceses y un regimiento de *Bersaglieri* italianos, que se retiró una vez concluida la evacuación de la OLP. Fue el desenlace a una tragedia de tres meses, en la que habían perecido un millar de fedayín, varios centenares de soldados sirios, 345 israelíes y 18 000 civiles libaneses.

Yaser Arafat.

Durante la evacuación, los diputados libaneses se reunieron en Villa Mansur, en la Línea Verde, para elegir al nuevo presidente, pero el edificio fue bombardeado y la sesión, suspendida. Un diputado fue asesinado y otro secuestrado. El 23 de agosto, los diputados se reunieron de nuevo en la la Academia Militar de Fayadiye. Se alcanzó el quorum con la presencia de 63 de los 99

51.- Javier López Trincado explicó en el programa *Cita con la Historia*, de Javier García Isaac y Pedro Fernández Barbadillo, la anécdota de que un representante soviético preguntó a un dirigente palestino la razón de mantener una resistencia sin esperanza. Como el palestino le respondiera que estaban haciendo lo mismo que los soviéticos en Leningrado, el ruso le respondió algo parecido a «En Leningrado resistíamos porque esperábamos al Ejército Rojo, ¿a quién esperan ustedes?».

Philippe Habib.

diputados[52]. En segunda votación, por mayoría absoluta de 57 votos, Bashir Gemayel fue elegido presidente de la República. La elección fue posible por los votos de los diputados chiítas conservadores y la facción drusa de los Arslan, rivales tradicionales de los Jumblat. Un alborozado Elias Sarkis dijo a Karim Pakraduni: «¡Es un milagro! Todos los sufrimientos que he padecido en seis años encuentran al fin un sentido. ¿Quién lo puede creer? ¡Bashir Gemayel elegido Presidente de la República y Yasser Arafat en vías de evacuar Beirut! ¡Dios es grande! ¡El Líbano está salvado!»[53]. Las celebraciones en Beirut Este duraron toda la noche, mientras el sector musulmán de la capital permaneció en un tenso silencio.

El asesinato de Bashir Gemayel y la masacre de Sabra y Shatila

La toma de posesión de Bashir Gemayel estaba prevista para el 23 de septiembre de 1982, pero nunca tuvo lugar. A las 16,30 del 14 de septiembre de 1982, una bomba detonada por radio destruyó la sede de las Falanges Libanesas en Beirut Este. El presidente electo murió junto a una veintena de personas con las que estaba reunido.

Atentado contra Bashir Gemayel. La sede de las Falanges Libanesas en Beirut, destruida.

La sorpresa y el nerviosismo cundieron entre las Fuerzas Libanesas y los líderes israelíes. Ni la CIA, a la que Gemayel había pedido protección, ni las agencias hebreas habían detectado los preparativos del atentado. Antes de que la muerte de Bashir fuera confirmada, Sharon pensó que podía ser la oportunidad para entrar en Beirut oeste. Las sospechas apuntaban a una autoría palestina, por parte de elementos que podían haber sorteado la evacuación ocultándose entre los civiles de los campamentos de refugiados de Sabra y Shatila.

A las pocas horas de ser identificado el cadáver de Bashir Gemayel en la tarde del 14, Sharon logró que Begin aprobara la

Funeral de Bashir Gemayel.

52.- Estaban presentes 63 diputados, 45 cristianos, doce chiítas, cuatro sunníes y dos drusos. Las residencias de los diputados musulmanes que acudieron a la votación fueron incendiadas o dinamitadas en los días siguientes.

53.- PAKRADOUNI, K., op. cit. p. 250.

EL EJÉRCITO LIBANÉS

El Ejército libanés tiene su origen en las unidades indígenas creadas por el Mandato francés. Su única guerra exterior fue su modesta, aunque brillante, participación en la Guerra árabe-israelí de 1948 –en la tercera batalla de Malikiya, 5–6 de junio de 1948–. Su prestigio fue en aumento hasta los años setenta, gracias a su distanciamiento de la política y su papel moderador en las querellas internas. Tanto los gobiernos libaneses como los mandos militares creyeron en que la seguridad exterior del Líbano debía descansar en la neutralidad y la debilidad del Ejército, que debía limitarse a una función defensiva y de orden interior. Esta doctrina, sostenida sobre todo por las Falanges Libanesas y el chehabismo, encontró la oposición creciente de los musulmanes y la izquierda, que la llamaban *aislacionista* por mantener al Líbano al margen del conflicto árabe-israelí.

En los años previos a la guerra, el Ejército libanés y su agencia de inteligencia fueron debilitados desde el gobierno de Franyie; su participación en los conflictos con la OLP fue criticada desde la izquierda y la opinión musulmana. A pesar de que la izquierda acusó al ejército de ser una fuerza maronita, lo cierto es que la mitad de sus efectivos era musulmana, aunque la oficialidad era mayoritariamente cristiana. Por el contrario, en la Fuerza de Seguridad Interior, la mayoría de sus miembros eran musulmanes. La distribución confesional suponía que el comandante en jefe del Ejército y el jefe de la Fuerza Aérea eran maronitas y el Jefe de Estado Mayor, druso. En 1975, el ejército libanés contaba con unos 20 000 efectivos, mientras el jordano, por comparación, tenía más de 80 000. Pero lo más grave era que su cohesión, prestigio y operatividad estaban muy mermados.

En 1976, la mayoría de los miembros del ejército libanés desertaron y se marcharon a su casa, mientras el resto, o se unió a las facciones o permaneció en los cuarteles sin intervenir. Unos 3000 soldados y suboficiales musulmanes, encabezados por el teniente Ahmed Khatib, se sublevaron y crearon el Ejército Árabe Libanés (EAL), que luchó junto a la OLP y el MNL. Tomaron pacíficamente los cuarteles de Beirut occidental, Tiro, Sidón, Rashaya y Hasbaya y desalojaron a los militares leales de los cuarteles de Khiam, Marjayún y Nabatiye. La invasión siria de 1976 desbandó el EAL, cuyos efectivos se acogieron a una amnistía en 1977 y se reintegraron en el Ejército. Otro grupo, encabezado por el coronel Antoine Barakat y el comandante Fuad Malek, tras ocupar la Academia Militar y la base de Fayadiye, colaboró con el Frente Libanés en la defensa del *reducto cristiano*. La base aérea de Rayak estuvo bajo el control de las Vanguardias del Ejército Libanés, que mantuvo la neutralidad y colaboró con el ejército

sirio. En el Sur, el mayor Saad Hadad reunió a un grupo de soldados cristianos y chiítas supervivientes de la *batalla de los cuarteles* con los defensores locales para formar el Ejército del Líbano Libre (ELL), que recuperó Marjayún y Khiam y se alió con Israel. El resto, unos 3000 efectivos, en su mayoría cristianos, permaneció leal al comandante en jefe, Hanna Said, y mantuvo la neutralidad sin salir de sus cuarteles, pese a sus simpatías por la derecha libanesa.

ETNIA, RELIGIÓN Y NACIONALISMO

En un país tan diverso como el Líbano, difícilmente podía haber una identidad que satisficiera las aspiraciones de sus miembros. Por otra parte, el sentido de pertenencia comunitaria era, en muchos aspectos, el equivalente a la identidad nacional. Los sunníes, fueran árabes u otomanos, habían sido los dueños del poder desde tiempos de Saladino. Los greco-ortodoxos eran sus socios tradicionales. Aunque considerados cristianos, estaban tradicionalmente

enemistados con los católicos (maronitas y melquitas o greco-católicos). Los drusos y chiítas se consideraban a sí mismos musulmanes, pero su relación con los sunníes podía ser tan distante como la de los ortodoxos con los católicos. La pertenencia a una comunidad condicionaba la orientación política, aunque las excepciones eran frecuentes. Los maronitas y melquitas eran, en su mayoría, nacionalistas libaneses y derechistas; los ortodoxos formaban los cuadros dirigentes de los partidos comunistas y del Partido Nacional Socialista Sirio; los sunníes miraban a la Siria baasista y al Egipto de Nasser como modelo, al igual que el Partido Socialista Progresista de los drusos. Los chiítas formaban las bases comunistas y fueron creando sus propias organizaciones, primero izquierdistas (Movimiento de los Desheredados) y después, islamistas (Hizbolá). La identificación no era absoluta y había numerosas excepciones a estos principios generales. Del mismo modo, la di-

versidad regional era importante. Los partidos libaneses tenían feudos que trascendían habitualmente las diferencias étnico-religiosas. Los cristianos de Monte Líbano, por ejemplo, eran hostiles a Siria y al panarabismo, mientras los del resto del país no renegaban de su identidad árabe. Asimismo, también existía un *nacionalismo de valle* y enemistades de clan que explican divisiones y luchas en el interior de una misma comunidad o entre ciudades vecinas.

Los diversos nacionalismos también tenían sus diferencias, evoluciones y lealtades exteriores. Los partidos y facciones durante la Guerra del Líbano se alinearon y buscaron apoyos en muchas ocasiones en un gobierno extranjero o en alguno de los bloques de la Guerra Fría. Como ejemplo de transformación ideológica, el Partido Nacional Socialista Sirio, fundado por el libanés Antún Saadeh. Inicialmente fue anticomunista y enemigo del nacionalismo árabe, pero a partir de su ilegalización en 1961, fue acentuando sus principios antisionistas y antiimperialistas hasta convertirse en socio fundamental de la izquierda revolucionaria musulmana y panarabista, y en enemigo declarado de sus antiguos aliados derechistas cristianos.

El nacionalismo libanés, libanismo o fenicismo, defendía el carácter occidental del Líbano por su identificación con la antigua Fenicia y la existencia de una civilización libanesa previa a la conquista árabo-musulmana. Este nacionalismo historicista fue promovido, tanto por los clérigos franceses desde la Universidad de San José como por los propios libaneses. El libanismo fue asumido plenamente por las Falanges Libanesas, aunque era permeable a la idea del Líbano como país árabe. El Partido Nacional Liberal, por el contrario, siempre declaró que el Líbano era árabe, sin que eso significara ninguna aspiración a unificar a los árabes en un mismo Estado.

EL PENSAMIENTO POLITICO DE BASHIR GEMAYEL

«**C**omo somos una minoría en este Oriente, como somos un pueblo diferente en Oriente, nuestra existencia, seguridad y libertad está amenazada. Esta minoría debe fortalecerse, no como una minoría expansionista, sino para evitar que alguien del desierto extienda su poder sobre nosotros de nuevo. No estamos dispuestos a depender de un ejército para desfiles. No estamos dispuestos a depender de un ejército abanico de blancas camisas, azules corbatas, brillantes uniformes, relucientes estrellas e impolutos zapatos; coches y alardes; desfiles, salarios y extravagancias, pero que cuando las cosas van mal, se derrumban. No estamos dispuestos a depender de nadie, excepto de nosotros mismos, para defendernos a nosotros mismos y ser una fuerza en este Oriente (...) Es nuestro momento para tener un presidente (dicho con dialecto sirio) que

no sea sólo pedido, sino también aceptado y ratificado por los libaneses. Aunque Siria, Egipto, el Vaticano y América lo quieran, si a los libaneses no nos conviene, no será presidente. Si el Vaticano quiere un presidente maronita para llevar a cabo un experimento de coexistencia entre el Islam y la Cristiandad, y nosotros a cambio pagamos el precio, como musulmanes y cristianos, de 100 000 muertos, ellos pueden hacerle Papa allí, y pueden hacer sus experimentos allí, pero nosotros no aceptaremos ese tipo de presidente. Si América quiere un presidente en el Líbano para que le sea posible coordinar sus intereses y planes, y sus consideraciones e intereses, a expensas de Damur, entregando Damur en compensación de territorios palestinos ocupados, y dando la Bekaa a los sirios a cambio de los Altos del Golán; pueden nombrarle presidente americano, pueden ceder territorios de América a Siria o a los palestinos, pero no será presidente del

Líbano (dicho con dialecto sirio). Si Siria quiere un presidente en el Líbano que sea un presidente para ellos, y quiere ser un Babrak Karmal, puede nombrarle en Siria, y el Parlamento sirio puede elegirlo, pero no el Parlamento libanés, y no será presidente del Líbano» (Discurso en el Colegio Don Bosco, 1982).

«Aplicaré la Constitución libanesa. Soy un presidente apegado a la democracia y a las libertades. Tengo dos criterios de gobierno: la integridad y la competencia, cualquiera que sea la confesión o la adscripción política. Los libaneses han demostrado que son dignos de un Estado más evolucionado. La administración pública debe estar al servicio del ciudadano, y el ciudadano al servicio de la nación. Hay que renovar y revisar incesantemente las estructuras del Estado introduciendo métodos científicos (...) No trataré más con Walid Jumblat como jefe del Movimiento Nacional. No colaboraré con un partido de este género. Que Walid se ponga al frente de la oposición. Yo gobernaré con la mayoría parlamentaria y respetaré toda oposición según la ley (...) Yo me encargo de la retirada sirio-palestina. Pediré al presidente del Consejo (jefe del gobierno, suní) que se ocupe de la retirada israelí.

Begin y Sharon reclaman, por el momento, un tratado de paz para retirarse del Líbano. Es a los libaneses, particularmente a los suníes, a quienes corresponde fijar el precio a pagar para hacerles salir. Yo no soy hombre de Israel, sino hombre de otro Estado. Soy hombre del Líbano. soy hombre de la libertad, la soberanía y la independencia del Líbano en el marco de sus 10 452 km². (...) Nuestras relaciones con el mundo árabe no deben suponer ningún

nos a fin de acercarnos más a Occidente que al Tercer Mundo» (Entrevista con Saib Salam, en PAKRADOUNI, K., op. cit., pp. 258-259)

«Contribuiremos a formar una correcta Seguridad Social, para crear un aparato social que disminuya las cargas de todos los ciudadanos, pero el Estado, como administración, no debe hacerse cargo de ellas. No es posible hacerlo. La administración debe ser reducida y saneada. Sanear no significa mandar a su casa a quien no vote por nosotros, no. O que todos digan `Lo que usted quiera, señor´, o `Larga vida (al señor)´ como se decía en el pasado, no. Debe ser saneada. Debe ser corregida. Debe ser limpiada (...) Vengo con un propósito muy específico: 10 452 kilómetros cuadrados... Vengo con el propósito muy específico de que a partir de hoy nuestros niños no sean asesinados como lo fueron en el pasado, nuestros hogares no sean destruidos como lo fueron en el pasado, nuestra soberanía no sea violada como lo fue en el pasado, que no haya más estado de desorden como lo hubo en el pasado, porque un país, una nación con todo el significado de la palabra, pagará ese precio» (Tele-Liban, 8 de septiembre de 1982).

perjuicio para la soberanía libanesa. Colaboraremos sin complejos con cualquier estado árabe que respete nuestra dignidad e independencia. Me haré cargo, prioritariamente, de las relaciones con Siria, pero sobre bases nuevas. Por otra parte, debemos revisar los fundamentos de la política exterior en nuestra región. Nadie va a decidir por nosotros. Debemos definir nosotros mismos nuestros objetivos, para después intentar compartirlos con los estados influyentes. Necesitamos un aliado, y un aliado que sea fuerte, como es el caso de los Estados Unidos. Intentaré obtener (de Estados Unidos) las mismas garantías (para el Líbano) que disfruta Israel. En otro orden de cosas, debemos progresar en todos los terre-

Operación «Cerebro de Fuego», a la que sólo faltaba darle una cobertura libanesa.

A las 3,30 horas de la madrugada del 15, el general Eitan acudió al cuartel general de las Fuerzas Libanesas en Karantina y explicó al Estado Mayor cristiano que sus tropas iban a entrar en Beirut «en busca de terroristas, documentos y armas». Fadi Frem, jefe de Estado Mayor de las Fuerzas Libanesas, era ahora jefe en funciones. Accedió a movilizar a su milicia para entrar en los campamentos palestinos. Tras el funeral de Bashir, en la mañana del 15, los principales dirigentes políticos y militares israelíes y cristianos se reunieron para planear una operación antiterrorista conjunta. Para los abatidos dirigentes libaneses, la prioridad era la sucesión de Bashir, no la participación en «Cerebro de Fuego».

Elie Hobeika, uno de los organizadores de las matanzas en los campos de refugiados palestinos de Sabra y Shatila.

A las 6 de la mañana, los israelíes comenzaron a penetrar en Beirut oeste. Sus portavoces declararon que el objetivo era evitar una guerra entre facciones libanesas tras el asesinato del presidente. Encontraron una ligera resistencia de milicianos izquierdistas, pero antes del mediodía habían cercado Sabra y Shatila. En ese momento, dos grupos de la unidad de comandos israelí *Sayeret Mat'Kal*, con uniforme sin insignias, penetraron en los campamentos y ejecutaron de un tiro en la nuca a decenas de civiles palestinos después de identificarlos. Las víctimas eran intelectuales, médicos, enfermeras y maestros, que no habían huido al creerse a salvo por su condición de no combatientes.

Arriba y abajo. Masacre de Sabra y Shatila.

En el anochecer del 15 penetró un segundo grupo, al mando del capitán Camille Salah, de la milicia Ejército del Líbano Libre del mayor Saad Hadad. Estaba compuesto por unos 150 milicianos, en su mayoría chiítas del Sur. La orden era provocar la huida de la población de los campamentos. Los milicianos dispararon contra todo aquél que encontraron en su camino, apoyados por francotira-

Saad Hadad y su estado mayor.

dores de la brigada «Golani» apostados en los alrededores. Abandonaron los campamentos en torno al mediodía del 16.

A las pocas horas, en torno a las 18 horas del 16 de septiembre, una unidad de las Fuerzas Libanesas entró en los campamentos. Era la fuerza antiterrorista de Hobeika, de unos 200 milicianos conocidos por su bravura y crueldad. Varios de ellos fueron heridos por palestinos armados; los israelíes iluminaron los campamentos con bengalas para que los cristianos pudieran abrirse paso en la oscuridad. Fadi Frem había concentrado un fuerte contingente de las Fuerzas Libanesas en el aeropuerto para entrar en Beirut oeste, pero Amin Gemayel ordenó que volvieran a sus cuarteles. Al día siguiente, comenzaron a circular rumores de masacres en los campamentos. A las 17 horas del 17, Fadi Frem ordenó a Hobeika que retirara a sus hombres, que fueron sustituidos por la unidad de Policía Militar de las Fuerzas Libanesas. Estos hombres registraron los campamentos y transportaron a centenares de detenidos a la Ciudad Deportiva. Una vez allí, la Inteligencia israelí trataba de encontrar entre ellos

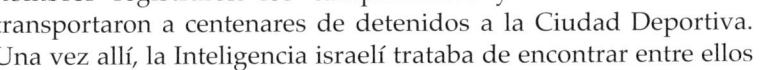

Soldados de la Brigada Golani israelí

93

a los 2000 fedayin que, supuestamente, se ocultaban en los campamentos. Muchos de estos detenidos fueron entregados a hombres de las Fuerzas Libanesas, que los llevaron a otros lugares desconocidos para ejecutarlos. Esto podría explicar la gran discrepancia entre la cifra de asesinados en Sabra y Shatila dada por la Cruz Roja (210) y los 800 o 2000 de otras fuentes.

El ejército libanés tomó posesión de los campamentos en la mañana del 18 de septiembre. Junto a él, entraron las cámaras que llevaron el horror de las imágenes de la masacre a todo el mundo. Para entonces, las investigaciones ya señalaban a Habib Shartuni, un joven maronita, militante del Partido Nacionalista Socialista Sirio, como el autor material del atentado contra Bashir Gemayel. Shartuni había colocado una bomba proporcionada por un capitán de la Inteligencia siria llamado Nasif, quien dependía del teniente coronel Ghanem, jefe de la Inteligencia siria en el Líbano. Se trataba del oficial que había amenazado en una ocasión a Bashir Gemayel[54].

Habib Shartuni, el asesino de Bashir Gemayel.

Conclusión

El impacto mediático de las masacres de Sabra y Shatila en el mundo fue asombroso y creó un movimiento universal de repulsa hacia Israel. El 25 de septiembre se produjo en Tel Aviv la mayor manifestación de la historia de Israel: 400 000 personas, el 10% de la población, protestaron contra la política de su gobierno en el Líbano. En 1983, dimitieron Ariel Sharon y Menahem Begin. Pese a sus diferencias de última hora con Bashir Gemayel por los plazos para un tratado de paz, su muerte malogró los objetivos máximos de la Operación «Paz para Galilea». Asimismo, fue un desastre político para Estados Unidos, que perdían a su más capaz aliado libanés. La de-

El Primer Ministro israelí, Menachen Begin.

54.- Ghanem dijo a Gemayel en una tensa reunión: «Te equivocas, te hemos disciplinado. Si quisiéramos eliminarte, ya lo hubiéramos hecho». Gemayel respondió: «Lo habéis intentado, pero fracasasteis». La reunión está relatada en MENARGUES, A., op. cit., p. 207.

Amin Gemayel, hermano de Bashir, como presidente del Líbano.

recha libanesa quedó descabezada. El sucesor, su hermano Amin, fue elegido el 25 de septiembre presidente de la República con un amplio consenso. Manifestó su deseo de continuar la línea de Bashir, pero carecía de sus cualidades y de la confianza de las Fuerzas Libanesas. Por si fuera poco llenar el vacío dejado por el presidente asesinado, el enfrentamiento entre partidos y milicia que Bashir había conjurado, con la ayuda de Camille Chamún, resurgió con fuerza desde el primer momento. Por su parte, los palestinos pagaron un fuerte precio de sangre, sin provecho alguno. Los vencedores absolutos fueron Siria y sus aliados, que dieron la vuelta al marcador en su hora más baja.

A pesar de todo, comenzaba una etapa de esperanza: Estados Unidos apoyaba firmemente al nuevo presidente, la amenaza exterior parecía neutralizada y el Estado libanés se reconstruía. Las barricadas de la Línea Verde fueron derribadas y las fuerzas de seguridad del Estado reaparecieron en un Beirut reunificado. Pese a los motivos de optimismo, las fuerzas derrotadas no se resignaban y esperaban su momento. En el plazo de un año, las esperanzas fueron frustradas por una nueva fase de la guerra civil, más devastadora que la que cerramos con estas líneas.

Bibliografía sumaria

HANF, T., Coexistence in wartime in Lebanon, The Centre of Lebanese Studies, London, 2015.

KHALIDI, W., Conflict and violence in Lebanon, Center for International Affairs, Cambridge, 1977.

MOUMNEH, N., The Lebanese Forces. Emergence and transformation of the Christian Resistance, The Rowman & Littlefield Publishing Group, Lanham, 2019.

MENARGUES, A., Les secrets de la guerre du Liban, Albin Michel, 2004.